点燃内驱力

如何让孩子自觉又主动

李 好◎著

中国铁道出版社有限公司
CHINA RAILWAY PUBLISHING HOUSE CO., LTD.

图书在版编目(CIP)数据

点燃内驱力:如何让孩子自觉又主动/李好著.—
北京:中国铁道出版社有限公司,2023.11
ISBN 978-7-113-30267-2

Ⅰ.①点… Ⅱ.①李… Ⅲ.①学习方法-家庭教育
Ⅳ.①G791 ②G78

中国国家版本馆CIP数据核字(2023)第099167号

书　　名:点燃内驱力:如何让孩子自觉又主动
　　　　　DIANRAN NEIQULI:RUHE RANG HAIZI ZIJUE YOU ZHUDONG

作　　者:李　好

责任编辑:陈晓钟　　读者热线:(010)51873697
封面设计:仙　境
责任校对:安海燕
责任印制:赵星辰

出版发行:中国铁道出版社有限公司(100054,北京市西城区右安门西街8号)
印　　刷:三河市宏盛印务有限公司
版　　次:2023年11月第1版　2023年11月第1次印刷
开　　本:880 mm×1 230 mm　1/32　印张:5.75　字数:113千
书　　号:ISBN 978-7-113-30267-2
定　　价:58.00元

版权所有　侵权必究

凡购买铁道版图书,如有印制质量问题,请与本社读者服务部联系调换。电话:(010)51873174
打击盗版举报电话:(010)63549461

前 言

最好的教育,是孩子自己想要

15年一线教育和心理工作,让我有幸接触了成千上万的孩子和父母,同时,作为职场的创业妈妈,一路陪伴儿子成长,真心觉得中国父母不容易,孩子更不容易。

翘首以待的"双减"政策落地后,妈妈们似乎更焦虑、更担心了,现在关于孩子作业、考试,看到的结果都是 A^+、甲$^+$,没有分数,没有排名,孩子具体处于哪一位置,家长无从知晓。同学的儿子小学五年级,她无比焦虑,说这样下去,孩子将来参加中考时就像开启一只盲盒,等打开时,孩子已经失去竞争优势了。

中考真的是孩子命运的分水岭吗?孩子们赢得未来,真的取决于上一所好高中、好大学吗?

我们关心孩子飞得高不高,却忽略了孩子累不累。《中国国民心理健康发展报告(2019~2020)》显示:2020年青少年抑郁检出率为24.6%,其中,轻度抑郁检出率为17.2%,高出2009年0.4个百分点,重度抑郁为7.4%,与2009年保持一致。冰冷而又触目惊心的数据,昭示着我们的孩子"病"了。北京大学心理健康教育与咨

点燃内驱力：如何让孩子自觉又主动

询中心副主任徐凯文将这一现象称之为空心病。孩子成了学习的机器，不知道为什么而学习，似乎一所好大学是胜利的彼岸，但事实呢？

研究生报考人数逐年递增，参加"国考"的人数激增，似乎五花八门的考试没有尽头。

看到这儿，您或许会问："孩子这么累，那有解吗？"当然，早在几千年前就有答案。孔子说："知之者不如好之者，好知者不如乐知者。"他的得意弟子曾子为后代树立了"好学近乎知"的榜样，孔子称曾子生性鲁钝，但因其好学终成儒门"宗圣"。

最好的教育，是好学，是激活孩子的内驱力，孩子自己想要。

市面上有太多关于教育的付费知识，但多半都是基于经验主义的，它们听起来似乎很有道理，但事实上，有的并未经过科学实证检验，有的甚至完全与科学相悖。尽管这样，家长却蜂拥而上……

教育，从来都不是经验之谈，这是因为每个孩子，从出生家庭、外界环境，到成长经历，都是独一无二的。

而基于现代教育学、心理学，培养孩子自主、自驱，从根上将"要我怎么样"转变为"我想要"，激活孩子的内驱力，这才是教育的底层逻辑，才是那把真正开启孩子智慧、幸福之门的钥匙。

在人类潜意识冰山模型中，最底层、最隐秘、最难被识别发现的就是动机欲望。不论是父母还是孩子，每个人拥有不同的欲望，我们每个人都生而为满足这些看得见、看不见的动机欲望而来，它们决定了我们的基本价值观、目标和内驱动力。

前 言

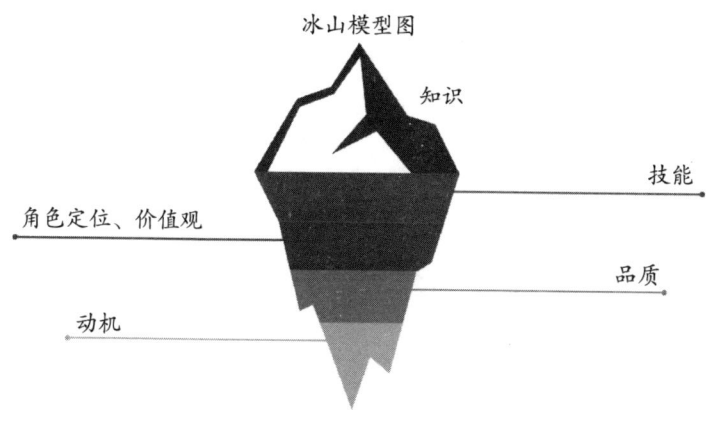

　　本书将围绕培养自主自驱型孩子来展开,全书为大家总结梳理了培养自驱型孩子的五个方面:孩子成长背后的动力是什么?如何经营好的亲子关系为孩子赋能?如何激活孩子的自我意识?如何培养孩子的情绪控制力?如何提升孩子的多元思维?人生路长,君子务本,本立而道生,面对飞速发展的时代,我们更需要从本源上找到以不变应万变的智慧。

　　育儿路上,希望这本书能给你一份支持,也希望你能将它分享给更多准父母、父母们一起学习成长。有了它,相信你能顺利将你家"小卫星"发送到他的幸福人生轨道,帮他实现自动运转。最后,愿这份"爱+科学"帮到更多人!

李　好
2023 年 4 月

目 录

第一章 发现成长动力 ... 1

第一节 好奇心和求知欲：孩子学习的原动力 ... 2
一、爱问"为什么"？别嫌烦，这样的孩子不得了 ... 2
二、四招保护、利用好孩子的好奇心和求知欲 ... 6

第二节 培养成就动机，让孩子受用一生 ... 11
一、激活成就动机，享受孩子"开窍"的惊喜 ... 11
二、影响孩子成就动机的三个因素 ... 14
三、三步培养孩子的成就动机 ... 16

第三节 认可、鼓励和爱，让孩子更加努力 ... 20
一、父母的认可将影响孩子一生 ... 20
二、对孩子成长至关重要的心理营养——肯定、赞美、认可 ... 24
三、渴望被认可的孩子，"乖"可能是一种讨好 ... 30

第二章　赋能亲子关系 ……………………………… 39

第一节　让家有爱:和谐有爱的亲子关系将成就孩子一生 … 40
一、爱商才是人获得成功和幸福的金钥匙 ……………… 40
二、稳定的家庭关系是影响家庭幸福的关键要素 ……… 45
三、二孩三宝家庭一碗水端平很难?父母这样做,
　　自己轻松孩子幸福 ………………………………… 49

第二节　爱的能力:感知力、接纳力、行动力 …………… 52
一、提升爱的感知力,养育有幸福力的孩子 …………… 52
二、这样接纳孩子,才能成就孩子一生幸福 …………… 56
三、那些暖心的孩子,都有爱的行动力 ………………… 59

第三节　爱的陪伴:"练"爱才能"会"爱,用高质量陪伴
　　　　　助力孩子成长 ………………………………… 62
一、陪伴孩子,是亲子双向的共同成长 ………………… 62
二、困在"忙"里的家长,如何给孩子高质量陪伴 …… 68
三、父母高质量的陪伴才是孩子放下手机的良药 ……… 70

第四节　爱的边界:界限感,是孩子心理成长的关键 …… 73
一、亲子关系也需要边界感 ……………………………… 73
二、孩子不好,多半是因为父母缺少边界感 …………… 75
三、掀被子上热搜,缺乏边界感的父母养不出幸福的孩子 …… 76

第三章　激活自我意识 ……………………………… 81

第一节　自我认知:掌握自我认知规律,孩子就像装上

导航仪 ……………………………………………… 82

一、不盯就不学,孩子变自主只需抓好这三点 ………… 82

二、孩子唱反调说"不",是在自主成长 ……………… 85

三、三招养出自信娃 ……………………………………… 88

四、引导孩子从失败中自省而非自卑,家长可以这样做 … 91

第二节 人际交往:"善人者,人亦善之",懂得人际交往的
孩子领先他人一步 ………………………………… 96

一、教孩子成为一个有共情力的人,远离冷漠和孤独 …… 96

二、懂合作的孩子更有未来 ……………………………… 100

三、爱就是好好说话,培养会沟通的孩子要做对这三件事 … 102

第三节 抗击挫折:抗挫力,才是孩子主动行走
世界的底气 ………………………………………… 106

一、适度让孩子去经历,去体验 ………………………… 106

二、原来爸爸妈妈也曾有过挫折呀 ……………………… 107

三、给孩子支持,变挫折为礼物 ………………………… 109

第四章 培养情绪控制力 ……………………………… 113

第一节 明确动机:透过情绪,看到孩子背后的需求 …… 114

一、父母一次次的认可,是孩子的全世界 ……………… 114

二、建立安全感,是为人父母要做的第一件事 ………… 116

第二节 张弛有度:情绪控制能力的培养绝非一日之功 …… 122

一、孩子脾气大,情绪说来就来? 全脑教养法,解决问题

更轻松 ··· 122
　二、简单三招培养积极情绪,增加亲密感和归属感 ······ 126
　三、正念练习,让孩子回归积极状态 ···················· 128

第三节　运动和旅行,让孩子收获积极情绪 ············· 130
　一、长期运动的孩子,大脑会发生惊人的变化 ········· 130
　二、带着孩子去旅行,世界就是最好的课堂 ············ 132

第五章　提升多元思维 ································· 137

第一节　数理逻辑:高智商民族的秘密 ··················· 138
　一、提升数感,斯坦福教授建议这样做 ················· 139
　二、逻辑思维,用思维导图轻松提升 ···················· 142
　三、归纳和演绎,让孩子把知识学透的能力 ············ 146

第二节　语言智能:孩子智慧的开启,来自语言学习 ······ 149
　一、"贵人语迟"?智慧父母请抓好关键期 ·············· 150
　二、大语文时代,阅读是学好语文的核心要素 ········· 154
　三、写作不是提笔才开始,孩子写作的底层逻辑有两点 ··· 159

第三节　视觉空间:开启孩子的"第三只眼" ············· 163
　一、孩子视觉空间智能的发展规律和培养方式 ········· 163
　二、有了图像思维,孩子学习不再难 ···················· 167
　三、培养色感,让孩子的生活多姿多彩 ················· 170

第一章

发现成长动力

本书关于内驱力的相关内容,理论依据主要来自分析心理学、动机心理学以及多元智能理论的相关研究,在此基础上结合本人15年一线教育和心理实践经验总结梳理而来。与此同时,我更是践行着所学所思,和孩子一起顺利愉快走过青春期的一位妈妈。内驱力其实质是唤醒、激活、点燃孩子内心真实的自己,就像点燃火箭的动力系统,这样孩子才能像小卫星一样顺利进入自己的轨道。

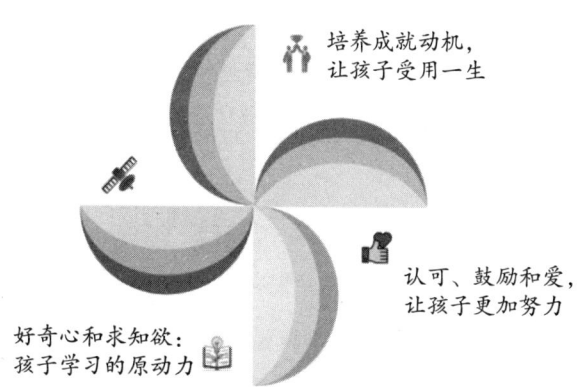

第一节　好奇心和求知欲：孩子学习的原动力

一、爱问"为什么"？别嫌烦，这样的孩子不得了

暑假，我和小侄子小侄女淘宝、果果回郊区老家待了一阵子，夕阳西斜，凉风习习，我们仨都非常愉快，决定去散步，正好等奶奶可口的饭菜做好。

乡村田野满目青绿，一畦一畦油绿的青菜、翠绿挺拔的水稻，还有那满池荷叶罗裙一色裁。一出门，两个小家伙雀跃不已。

"这是什么？"

"它为什么长在水里？"

"为什么有的开红花，有的开白花呢？"

"我知道，这叫蛇床子。"

…………

一来到田野，他俩的话匣子开关便被打开了，问题像连珠炮一样一个接着一个，最后我被两个小家伙问到快词穷了，内心却油然而生一种童趣可爱的幸福感，"打破砂锅问到底"正是他们这个年龄的孩子的特点啊！英国科学家培根说过："好奇心是孩子智慧的嫩芽，提问则是孩子求知欲发达的标志。"

美国哲学家和教育学家约翰·杜威提出儿童好奇心发展的三个阶段：

第一个阶段，想要探索和考察周围事物，经常爱问"这是什么"，更多的是一种本能。

第二个阶段，儿童好奇心变得更加社会化，开始提出无数个"为什么"。

第三个阶段，好奇心转换成了对具体问题的兴趣，变成了一股能强化个人与世界联系的力量。他们这个阶段对内好奇，也对外好奇，向内对自己的能力好奇，向外好奇世界的样子，好奇外面世界的规律。

拥有好奇心、求知欲强的孩子会是什么样的？

1. 对学习充满兴趣，对所学知识能够触类旁通

好奇心是孩子探索和创造的原动力，它能够激发孩子的求知欲。求知欲强的孩子，往往对学习充满了兴趣。他们天生对知识有着渴求的期盼，有持续浓厚的学习兴趣是学霸孩子的共性特征之一。在这种浓厚的兴趣下，他们所学知识很容易形成网络，知识间也很容易触类旁通。作为激发求知欲的重要因素，好奇心这个品质比较脆弱，呵护保护好孩子的好奇心，是每位家长不可忽视的重任。

爱因斯坦曾经说过："我们思想的发展，在某种意义上常常来源

于好奇心。"孩子的好奇心是探索未来的原动力，它是一粒小小的种子，只有作为父母的我们"浇水、施肥、日常维护"，它才可以生根、发芽，在好奇心的影响下，孩子才可能拥有源源不断的成长动力。

2. 更容易在专业领域有所成就

求知欲强的孩子喜欢深入思考，善于探究分析，穷根究底的特质让他们更容易在专业领域有所成就。

英国著名化学家道尔顿小时候和小伙伴在街头玩耍。一队士兵从街上走过，孩子们都说喜欢士兵们穿的红色军装，道尔顿却坚持认为士兵们穿的军装是绿色的。

这事在他心中播下了一颗好奇的种子，他百思不得其解。

有一年的圣诞前夕，他给妈妈买了一双棕灰色的袜子，可是除了自己和弟弟外，其他人都说那袜子是樱桃红。这一次，经过认真分析与比较，他发现原来弟弟和自己的色觉与常人不同。之后经过深入研究，他成为世界上第一个提出色盲问题的人。

爱迪生一直对身边的事物抱有好奇心，并且追根究底，他甚至连马蜂窝都不放过。在这种精神的影响下，他成功发明了电灯泡，使全世界受益，获得了全人类的尊重与敬仰。

父母要尽量保护好孩子的好奇心和求知欲，通过正确引导，让孩子在求知过程中积累更多经验。好奇心和求知欲是促使孩子进步的两种强大力量。

3. 有利于与人沟通、交往，同时幸福感也会增强

拥有好奇心和求知欲强的孩子，他们往往善于观察，能敏锐发现细微的变化。在淇淇很小的时候，只要妈妈穿了新衣服或者换了新发型，他都会说："妈妈，你穿新衣服可真好看。"好奇心驱使孩子主动与身边人沟通，小嘴巴甜甜的，见到人就喊叔叔阿姨，会把问题探个究竟，从小热情主动，人见人爱。

除此之外，他们也更容易感知到美好，让自己拥有满满的幸福感。同样是春天柳叶吐绿、桃花盛开，他们会欣喜万分、雀跃不已。在儿子淇淇两岁的时候，我们带他去逛超市，路过一家洗车店，他惊喜地喊："爸爸妈妈你们看，叔叔们在给小汽车抹沐浴露洗澡，车车身上跟我洗澡时一样，有好多好多的泡泡。"孩子生动的语言背后，有一颗善于发现美好的心，这颗心带给他快乐，而这份快乐至今仍是我们聊天、回忆淇淇成长的温暖瞬间。

当孩子对周围事物怀有好奇心，并且求知欲很强时，这样的孩子不仅容易感受到生活的美好，而且在成长路上会克服大大小小的困难，去积极主动寻找答案，解开内心的疑问。而疑问解决的过程，也是一个不断获取新知识和汲取营养的过程。

保护好孩子宝贵的好奇心和求知欲，这将关乎他一辈子的学习兴趣和学习动力。当孩子的好奇心和求知欲得以保持时，也是父母教育经验进入新阶段的标志。

二、四招保护、利用好孩子的好奇心和求知欲

孩子的好奇心、求知欲与生俱来,但随着他们渐渐长大,他们身上表现出的求知欲、好奇心却千差万别。要想孩子持续保有浓厚的探究心和学习兴趣,作为父母,我们可以做些什么呢?

1. 多陪伴、多倾听、多交流,尊重孩子每一个为什么

从杜威的好奇心发展阶段来看,在孩子好奇心发展的关键时期,作为父母,得耐心倾听、用心陪伴。我们常说"蹲下来讲话,抱起来交流,牵着手教育",这句话很形象生动。

当我们和孩子在一起,并用心倾听陪伴时,爱才会在亲子关系里慢慢流动。不论是在公共汽车上、公园里,还是逛街、旅行时,孩子好奇的小天线都会特别灵敏,问题也会特别多,有时真的是会被十万个为什么问到快要崩溃,此时智慧的爸爸妈妈更需要从烦躁不

已转念到喜悦,因为孩子的好奇心正在生长。

2. 让孩子的好奇心和求知欲在大自然中尽情释放

一个春光明媚的午后,我们带着淇淇去潆水河边晒太阳。枯水期的河滩,有孩子无尽的乐趣:刨沙坑、堆城堡、挖虫穴、捡贝壳,孩子小脸汗涔涔红扑扑却丝毫不叫累,玩得不亦乐乎。远远地发现几头牛,他惊喜地喊道:"爸爸,妈妈,我们去看小牛吧!"一边说一边向着牛群小跑过去。

"小牛为什么爱吃青草?牛为什么长角……"

"你觉得是为什么呢?"

"我猜是因为牛吃草才可以有大力气。"

"那你有没有办法证明你的想法呢?"

…………

带着满脑子的小问号,淇淇开始了他的观察和探索。简单而又愉快的半日春游,淇淇上了一堂很好的亲子自然科普课。

虽然孩子想法天真,但这样的探究过程,其实和科学家发现问题、提出假设、验证假设的思考过程是一样的,这样的观察、引导正是孵化孩子逻辑思维、科学思维的绝佳教育契机。

3. 给孩子以好奇心的书香土壤

国外某机构曾对1 500个家庭做过一个采访,搜集的数据报告

点燃内驱力：如何让孩子自觉又主动

显示：

3~8岁孩子，平均每天要提出73个问题，每个妈妈平均每周要回答500个问题。很多父母会说，成年人的世界没有"容易"二字，工作繁忙、精力有限，竞争压力更是让人焦虑不堪，下班回家哪还有那么好的状态和精力陪孩子呢？当然，我们都是肉眼凡夫，但智慧的父母是会"偷懒"的——让书成为孩子的导师。

首先，我们要为孩子营造良好的读书氛围，并为孩子做好榜样。蓬生麻中，不扶而直，家里如果没有书、没有爱书的人，孩子也很难爱上书。建议父母们根据孩子年龄特征，从绘本到拼音，再到文字；从听故事到亲子共读，再到自己独立阅读，循序渐进，书香浸润慢慢培养孩子养成阅读的好习惯。

其次，阅读不要太功利。我见过很多家长，按照自己的"有用"原则为孩子选书，结果孩子根本不爱看，当然，爱上书更是无从谈起。多带孩子去书店、图书馆，每次选2~5本图书，让孩子先开心读起来。

最后，尊重孩子，尽早接触经典。尊重孩子的阅读喜好、节奏等，比如有的孩子喜欢童话故事，有的孩子偏重科学科普，这都没关系，慢慢引导，尊重理解孩子。抓住6~12岁阅读关键期，尽早培养孩子爱上阅读，尤其是二三年级的孩子，尽早接触经典读物，要知道每一本好书都是一粒智慧的种子。

我是个创业妈妈,爸爸工作也很繁忙。一本书、一只涂鸦笔,孩子可以玩一两个小时,在孩子玩的过程中,刚好我们家长可以安静学习、工作或做家务。后来渐渐地,从绘本到名著,孩子很多"为什么"已经可以自己从书中找到答案了。不止于此,等到青春期了,我们还发现,孩子的视野、思维和认知都让人欣喜不已。也许每位家长教育程度、家庭背景、思维认知差别迥异,有所局限,而且随着孩子慢慢长大,日渐感觉自己脑子里那点存货不够用了,不过没关系,想要青出于蓝而胜于蓝,那就让书中的圣贤智慧更好地陪伴和引导孩子成长吧。

4. 利用好奇心和求知欲帮孩子找到自己擅长的领域并深耕下去

在陪伴孩子成长过程中,我们可以利用好奇心和求知欲引导孩子在自己热爱且擅长的领域持续探究,同时要呵护好孩子的好奇心和求知欲,它们是孩子能量的小宇宙。

有个著名的"火花理论",由教育专家彼得·L. 本森博士提出。本森认为,每个孩子内心深处都藏着兴趣、热忱或天赋,包括音乐、画画、阅读、搭积木……甚至还有观察大自然或者玩泥巴,这些都可以统称为"火花"。"火花"是孩子蕴藏的巨大潜力,如果能够被激发,则能成为推动孩子进步的巨大能量。

那家长该如何做呢?

第一,借助科学的心理工具。如多元智能测评、动机测评分析工具等,它们能够清晰精准地挖掘孩子的天赋特长,并为他们提供发展的机会。

第二,生命是一场体验之旅,鼓励孩子多去体验。心理学家丹尼斯·库恩通过长期研究发现,很多有成就的人小时候,他们都接触过各种各样的兴趣爱好。我们可以借助孩子的好奇心让孩子多体验、多尝试,说不定一个小小的尝试真成就了一位未来的大师。

第三,鼓励孩子坚持并十二分地为之付出努力。专门针对天才儿童的"数学能力超群儿童研究"(SMPY, Study of Mathematically Precocious Youth)发现,如果没有及时有效培养,即使孩子天赋很好,最终也会像《伤仲永》中的仲永一样,泯然众人矣。在鼓励孩子的同时,我们可以借助孩子的求知欲来激发孩子产生动力。让我们放下过多的焦虑,用爱和支持,帮孩子向着他自己成长吧!

第二节　培养成就动机,让孩子受用一生

著名心理学家麦克利兰曾经做过一个 5 岁儿童的实验。实验很简单,让孩子走进一间屋子,手里拿着许多绳圈,让他用绳圈去套房间中间的一个木桩。

麦克利兰就这一实验做了深入研究,他发现,人类具有追求卓越、实现目标、争取成功的需求。他把这种需求称为成就动机。麦克利兰认为,人们成就动机的差异,是由儿童时期的不同经历造成的,那么作为父母,有意识地在孩子儿童时期激活他的成就动机意义就很重大了。

一、激活成就动机,享受孩子"开窍"的惊喜

淇淇从小我们对他说得最多的就是"快点吃饭""快点写作业""快点上学",做什么事都得父母催促。可高三那段日子却像换了个孩子:不论上课还是课后学习,都积极而且十分投入。看到每天晚上十一二点了,房间还没关灯,作为妈妈又心疼又欣慰。每天临睡前我都会提醒:"宝贝,别学得太晚,早点关灯睡觉。"

"淇淇,学习到这么晚睡太辛苦了,休息好也很重要,睡眠也是高效学习的保障呀!"

点燃内驱力：如何让孩子自觉又主动

"妈妈,你别担心,我睡得很好。再说了,我们都是有梦想的孩子,这点苦不算啥!"

那段时间,他朝着理想的大学拼搏进取,模拟考试一次比一次进步,孩子学习越发有劲头了。

苏格拉底说过:"一万次的灌输,不如一次真正的唤醒。"通过这件事情,我们也充分感受到了,孩子学习有自我成就感驱动比父母百倍的唠叨、催促有效果得多。

看看自己周边的孩子就会发现,不同的孩子成就动机确实有强弱。与成就动机弱的孩子相比,成就动机强的孩子有哪些优势呢?

1. 孩子更自信

不知道我们家长有没有观察过您的孩子搭积木,当他认真专注地搭积木时,一次拼搭没成功,两次,如果两次三次还是拼搭不上,孩子情绪便会马上上来,有的会急得哭了,有的直接发脾气推倒积木不拼了。这时候,如果父母或老师在旁边稍加指点帮助,他成功拼搭好了想要的城堡或汽车,那么孩子的成就感、自信心便会瞬间满格,他会自豪地马上分享:"快看,这是我拼的城堡哦。"在下次和小朋友一起拼积木时,他也会信心满满地主动积极地炫耀:"我会拼很大很漂亮的城堡哦!"

孩子就是这样在一件件事中体验到了成就感,进而慢慢成长起来的。在这个过程中,他的自信心一步步建立起来,自信的品格也逐渐形成,这将是孩子受益一生的宝贵财富。

2. 孩子更主动

还是以玩积木为例,第一次拼积木克服了困难,下次他会更乐意玩积木拼搭游戏,而且会拼搭得越来越复杂,在一次次主动尝试新的挑战中,孩子会更有成就感,更自信,也更愿意主动拼搭积木。很多家长不解,就这么几块积木,孩子每天嚷嚷着要玩积木,怎么就百玩不厌呢,每次还都玩得乐此不疲?其实是成就动机在背后推动孩子。孩子只要在某件事上感受到了成就感带来的愉悦,下一次就会更积极主动。

3. 孩子有动力

心理学家们研究发现,成就感能给孩子提供源源不断的原始动力。

淇淇不到两岁,给他一张白纸一支铅笔,我一边握着他的小手画弧线一边说:"这是小鱼游呀游。"小朋友一般很喜欢小动物,于是他饶有兴致地画起来了,画一条就拉拉妈妈,表示他画好了。妈妈当然是被他惊喜到了,自然不停地夸奖和鼓励:"太棒了!淇淇真是一个小画家呀!"听到表扬后,孩子更有劲头画了,画了一群小鱼、一池塘小鱼。

孩子终将成为父母口中的样子,在我印象中,这应该算是淇淇画画兴趣的起源。

二、影响孩子成就动机的三个因素

心理学家研究发现,影响儿童成就动机的三个因素分别是依恋关系、家庭环境、父母的教养方式。

1. 安全型依恋关系最有利于孩子成就动机的形成

法国心理学家瓦隆指出,孩子对大人的依恋对于他们自身的心理发展是必需的。孩子的社会化发展最重要的一个方面就是依恋的形成。

如果没有这种依恋心,宝宝就会感到惊慌和恐惧,甚至精神萎靡,这种影响会阻碍宝宝未来爱好、志向、人格等的建立。因此,孩子在0~3岁婴幼儿期与父母建立良好的依恋关系非常重要。

根据宝宝在陌生情境中的不同反应,心理学家安斯沃斯将宝宝的依恋分为安全型、回避型、反抗型和混乱型四种类型,其中安全型依恋最有利于孩子成就动机的养成。

当孩子需要关心和照顾时,父母能够及时积极地回应,而孩子又从父母回应中感受到了爱和关心,从而形成了最重要的安全感,孩子会因此很自信。这样的亲子依恋和谐融洽,给了孩子探索、尝试、挑战、寻求成功的力量和支持。可以说,孩子童年得到的爱是孩子未来生活的光。

2. 和谐稳定的家庭环境是培养孩子成就动机的基础

全球著名"家庭治疗大师"萨提亚认为：一个人和他的原生家庭有着千丝万缕的联系，这种联系会影响每个人的一生。

我们发现很多成绩优异的孩子都有一个共同点，那就是家庭和谐。和谐有爱、健康稳定的家庭环境对于孩子的成长至关重要。

我记得淇淇三岁多时，有一次我和爸爸只是因为琐事争论，嗓门儿可能稍微大了些，孩子便从书房他的积木玩具堆里跑过来，站在我和爸爸中间，对我们说："爸爸妈妈，你们别吵了，吵得我肚子疼。"

孩子之所以有这样的反应，其实是因为父母这种交流沟通方式让他心里感受到了恐惧、害怕和难受。三岁的孩子在用自己的语言和行为表达："这样的家庭环境和氛围，我不想要。"

3. 父母的教养方式影响着孩子的成就动机

大量研究发现，父母教养方式对儿童成就动机的形成与发展起着至关重要的作用。父母教养方式也就是我们常说的家教，即父母对孩子的教育观念和教育行为。不同的教育理念与教育方式，对孩子的成长有着不同的影响。

根据心理学家麦克利兰的研究，对孩子管束越多，孩子独立性发展越差，孩子的成就感也会越弱，而且孩子成年后往往缺乏创造力和竞争力。

三、三步培养孩子的成就动机

1. 给孩子适度的空间,培养其独立性和自主性

首先,要给孩子一个独立的物理空间。

随着孩子渐渐长大,他从内心的小我成长为一个独立自主的我,他需要一个专属于自己的自由小王国。

他可以在自己的小房间里安静阅读学习,也可以玩自己喜欢的乐高,可以不被外界环境所打扰,更可以仰面八叉倒床上放松做自己。

其次,给孩子一定的选择自由。

从上幼儿园开始,孩子便慢慢想要满足自己的一个个社会需求,他想要和自己喜欢的小孩做朋友、分享图书玩具,逛商场想要自己选择喜欢的玩具和好吃的零食等。

面对孩子的成长,父母该如何做呢?常见的两种类型的父母,他们的做法都不太科学,一种是老母鸡式的父母,他们担心孩子选择不对,选得不好,直接强势压倒孩子的小小自主萌芽,使得孩子最后只能做爸爸妈妈满意的选择。还有一种是抱有"树大自然直"这一观念的父母,他们认为自己小时候父母就没怎么管,现在自己不也长得好好的?管来管去自己累不说,若管得不好,亲子关系还容

易出问题,与其这样,还不如顺其自然。

那么作为父母,我们如何来把握呢?曾经在一次家庭教育现场讲座上,有位妈妈就提到过这个问题。我说:"父母好比拿着画笔的画师,如果你画的线条是辣椒,那么他就是辣的;如果你画的线条是苹果,那么他就是酸甜的,这条线就是原则。父母在守好原则的基础上,可以由孩子涂上红色或绿色,而这无非是苹果甜酸度的问题。"

做会放手的"懒"妈妈其实也是一种智慧,对孩子全方位过度干预会造成孩子的依赖性,使其无法适应未知环境,从而导致孩子缺乏成就动机。

2. 引导孩子体验并享受成功

小家伙能自己站立行走,能自己吃饭,参加幼儿园运动会得到老师表扬,捧回期末评价大奖状,这些大大小小的成功体验对孩子来说都非常重要。

最近听了一个段子,说"80后"们有个同款的爹,他们从不轻易表扬孩子:

当你在班上考第三名,老爸问:"你为什么没考第一?"

当你考了第一名,老爸问:"有几个第一?"

当你考了100分,老爸说继续加油,肯定是这次考试题目简单。

记得央视著名主持人董卿在节目中就提到过他的父亲也是这么对她,不论做得多么好,父亲从来不表扬。董卿说:"这让我没有安全感,没有自信。"

由此可见,对于孩子的成功体验,父母及时给予肯定有多么重要。这一个个成功体验,能让孩子感觉到自己是有价值的,自己是厉害的。体验并享受成功的感觉,哈佛大学心理学博士岳晓东教授称之为"淘宝",他说智慧的父母都应该是淘宝专家。让孩子享受成功体验,他会更自信、更有自尊心。反之,孩子可能更倾向于逃避各种活动,而不是积极参与。

3. 引导孩子建立恰当的成败观

孩子在两三岁时,爱跑爱跳一不小心就摔了,很多爷爷奶奶的第一反应就是赶紧抱起孩子,用手打两下旁边的沙发,或者用脚蹬一蹬地面,"都怪这个破沙发,让我宝宝摔跤了,奶奶打它",而孩子感受到的是,"我走路摔跤,原来是别人的错呀!"这种思维模式很可怕。我们常常见到有一类人,他们稍有不顺,就把不顺和失败的原因归到外界环境上,进而指责抱怨他人。想要获得成功,拥有成就感,相比外因,内因作用更为重要。当孩子失败时,引导孩子找到自身失败的原因,这才是正确的教育方式。

记得淇淇一次考试得了双百分,小家伙回到家当然是兴高采烈,还不免有几分小得意。

"淇淇,你太棒了!妈妈想知道你是怎么做到都考满分的?太厉害了!"

淇淇其实是个不张扬的孩子,他说:"妈妈,我想可能是题目比较简单吧,还有我运气不错哦!"

我意识到如果孩子以这样的思维成长下去,那么这种优秀成绩是很难持续的。当孩子把自己的考试好成绩归功于题目简单、运气好,那么也就意味着,他并未将成绩与努力、认真等这些关键因素挂钩,也就是说,在接下来的学习中,他并不会总结、完善或巩固自己的学习方式、方法。

于是我们餐后,继续就这次取得好成绩开了个小小的家庭讨论会,分析出了这次考试取得好成绩的三个因素:

一是语文老师每次要求的课前预习做得好;

二是每天作业完成很认真,正确率基本百分百;

第三,基础牢固,考题确实相对不难。

通过总结分析,逐渐引导孩子将取得阶段性成就归因于学习的认真和努力,而非运气。

第三节 认可、鼓励和爱,让孩子更加努力

认知教育心理学家奥苏贝尔提出附属内驱力,这种内驱力是孩子为了追求良好的学习表现而产生的内在动力,目的是得到赞扬和认可。

一、父母的认可将影响孩子一生

认可动机在孩子形成自我评价以前,是孩子一切言行的初衷。在众多的咨询个案中,我们见到很多成年人一辈子都在找补被认可,这也印证了那句话:"幸运的人用童年疗愈一生,不幸的人用一生疗愈童年。"尤其是父母的认可,将深刻地影响孩子的人生。

我有个朋友算事业有成、功成名就了,可他却花了几十年时间才和自己和解。

他说大概自己六七岁的样子,那时候经常和父亲一起去街上卖掉家里多余的米、柴,卖的钱基本能够维持一大家子的日常生活开支。有一次,他们很顺利地卖完回家,懵懂的他路过街边小店看到了红彤彤的大苹果,在红苹果的诱惑下,他顿时觉得肚子里的馋虫直拱,于是指着小店的红苹果对爸爸说:

"爸爸,我想吃苹果!"

"苹果?两块钱一袋你也配?"

第一章　发现成长动力

父亲这句"你也配",让他现在说起这些时眼里依然噙着泪花。他说就因为这句话,后来自己找了半辈子的认可,乃至讨好所有人,谁的要求他都不好意思拒绝,谁跟他借钱他都不好意思主动要人家还。

同样的故事三毛和父亲也曾发生:

"我一生最大的悲哀,并不是要赚得全世界,而是请您欣赏我。"

父亲看到后回:"很感动,深为身边有这样的小草而骄傲。"

"等你这句话,我等了一生一世,直到今天你亲口说出来,才抹去了我在这个家庭永远抹不掉的自卑和心虚。"

在一个缺爱、缺父母认可的家庭中长大的孩子,他们中的很多因为小时候得不到父母的认可,内心坍缩成一个洞,终生都在渴求着……

过于追求他人的认可是什么原因造成的呢?

1. 原生家庭的影响

原生家庭近年成了热词,每个人的轨迹和他童年的家庭成长息息相关。岳晓东博士曾在多次授课时提到,建议所有父母都看看《小舍得》这部剧,现在很多家庭给孩子的教育,并没能让孩子朝着家长想要的方向考入名校进了重点,子悠和欢欢的遭遇,相信那不是我们父母爱孩子、培养孩子的初衷。

如果孩子在童年没有得到父母的认可、肯定,这个孩子就会一直找补，因为他渴望得到。虽然没有一百分的原生家庭，但给到孩子足够的爱和认可，孩子就可能展翅高飞。

2. 自我价值感的缺失

《孤独力》中有这么一句话，"过度的认可需求，源于自我肯定感的低下。"一位来访者让我理解了这句话。

在众多咨询个案里，他，985名校硕士，180厘米的身高，阳光帅气的长相，毕业后在一家央企任要职，这不是妥妥的人生赢家么，可他却被认可深深折磨，一度患上抑郁症，甚至有过轻生行为。

找到我做咨询时，是因为爱上一个令他心动的女孩。

他说父母非常恩爱，正是他们这种恩爱让他觉得自己多余，仿佛自己的存在和到来就是一种麻烦。父母从小把他扔给奶奶，上小学了他才回到了自己家。直到现在父母退休，他们依然恩爱有加，说到动情处，他情绪激动地哭着说："我恨他们干吗要生我呀，我就是多余的！"

因为从小自我价值感的缺失，他和女孩的相处也特别拧巴，相爱相杀，明明特别喜欢，偏偏表现出回避型依恋，对方几次三番被他折腾累了，真要离开他时，他又痛不欲生。

这样的个案不胜枚举，有男生，更有女生。认可需求过高或过低都会成为我们的卡点，只有真正将认可需求调适到平衡舒服的状态，才是最好的。如何摆脱对认可的过度需求呢？

第一章 发现成长动力

1. 信自己，做自己

信自己，也就是我们常说的，从小培养孩子足够的自信心，努力让孩子不论是和家人还是和老师同学相处，都表现得自信阳光，落落大方，这样孩子才不至于掉入认可的泥潭里，活在别人的评价里，一辈子没力量做自己。

我在做亲子家庭教育讲座时，发现一个有趣的现象，在和小朋友的互动环节中，很多父母都会对孩子说："宝贝，快举手，快上台！"而在父母互动环节，这类父母往往会第一个回避我的目光，感觉生怕我会请他们上台互动似的。他们不相信自己可以很好地上台配合老师互动，其实这也源于他们内心不自信，他们的不自信也会慢慢影响到孩子。

2. 在有爱的关系中培养自信

想要孩子自信，家庭和谐幸福是土壤，妈妈情绪平和、父母关系融洽是养分，因为孩子的自信只有在爱的环境下才能慢慢生根、发芽。

不知道大家是否关注过一门三博士、双胞胎双双进名校等新闻，他们取得骄人成绩的背后，几乎都有一个相似点，那就是他们成长于一个关系和谐的幸福家庭。也许有人会问，那是否意味着单亲家庭的孩子会不自信呢？这要分两点来看：第一，尽管父母不在一起,但他们对孩子的爱一直都能让孩子感知并接收到,那么家庭关系的变化对孩子自信心的影响不会太大;第二,不完整的家庭不代表没有爱,不和谐,很多单亲家庭的孩子得到了很好的爱和教育,一样优秀,并有着很好的内驱力。

这一点我们会在后面章节详细跟大家聊一聊。爱可以成为孩子一辈子的成长动力。

二、对孩子成长至关重要的心理营养——肯定、赞美、认可

"中国犯罪心理画像第一人"李玫瑾教授,立足于40年研究基础,她一直致力于揭示:社会问题是人的问题,人的问题关键在早年,早年的重点在家庭。她提出,孩子教育更重要的是要给他心理抚养。我在幼教一线十余年做园长妈妈也深有体会,从最初的家庭教育观点引领,到后来参与教育局十三五"家园共育"课题,也深切体会到了这一点。在孩子成长过程中,肯定、赞美、认可是三种至关重要的心理营养素。

1. 肯定

有一次在一个电视节目里,C罗哭了。身为世界足球巨星,拥有常人不可企及的财富、名望、事业、爱情,怎么会失态呢?

只因他在节目中看到了父亲生前留下的录像,听到录像里父亲的一句"看到儿子有这样的成就,我很自豪"时,C罗失去镇定,哭得

双肩颤抖,像孩子一样用手臂擦眼泪。

可见父母的肯定对孩子来说多么重要。

那么我们作为父母该如何肯定孩子呢?

肯定可以是语言的方式。

孩子越小,作为父母肯定孩子我们做得越好:小宝贝会笑了,会爬了,会叫妈妈了,会自己吃饭了,会蹒跚着扑向妈妈的怀抱……孩子的每一个成长,我们都会欣喜万分地肯定和表扬孩子:"宝贝,你真棒!"

孩子正是在爸爸妈妈一点一点的肯定和鼓励下,一步步学会更多的本领,进而慢慢成长起来的。

肯定也可以是行为方式。

当对孩子表示肯定时,父母也会不自觉地亲亲孩子的小脸颊,抱抱孩子,拍拍孩子的背,或者对孩子微笑着竖起大拇哥。这样的动作也能让孩子感受到爱的力量,从而拥有前进的动力。

2. 赞美

关于赞美,大仲马小时候的故事让我印象深刻,同时明白要口吐莲花,尤其是当老师以后对孩子更要不吝赞美,我们的一句赞美对孩子而言可能会是一粒美好的种子。

大仲马还是个穷困潦倒的青年时,想托朋友找份工作谋生,朋友问他有什么擅长的事,大仲马摇头,觉得自己一无是处,沮丧至极。准备离开时,他写下联系方式,期待有好结果,那个朋友说:"原来你写字儿这么漂亮,这就是你的优点呀。"后来大仲马顺利找到了工作。从那以后,他奋笔疾书,写出了很多享誉世界的经典作品。

你看,一句不经意的赞美为大仲马注入了自信的力量,之后,他慢慢成长起来了,发展也越来越好。

著名心理学家威廉·杰姆士曾说:人性最深层的需要就是渴望得到别人欣赏和赞美。

赞美是好事,但并非易事。斯坦福大学教授卡罗尔·德韦克说:"赞美孩子的天赋而非他的努力、策略和选择,是在慢性地扼杀他的成长型思维。"

真正的赞美和表扬,应当是能让孩子形成成长型思维的。

那么我们父母该如何正确赞美孩子呢?

给大家分享一个工具:FFC 育儿模型。这是一个心理学上非常有效的万能公式,同时它也是一分钟就能学会的技巧。

第一个 F 表示英文 fact,即事实;

第二个 F 表示英文 feeling,即感觉,感受;

C 表示英文 compare,即比较。

具体怎么用呢?举一个我们家小小舞蹈家果果小朋友的例子给大家:

"果果,今天幼儿园舞蹈表演,又热又累,你都不怕辛苦坚持了下来,不仅如此,老师还说你动作优美,表情管理也非常棒,比起你以前上台表演哭鼻子,进步特别大哦,姨妈真为你感到骄傲和自豪。"

事实(Fact):今天果果进行了舞蹈表演,整个过程不怕苦、动作好、表情好。

感受(Feeling):姨妈为你感到骄傲和自豪。

比较(Compare):比起你以前上台表演哭鼻子,进步特别大。

果果听了,小眼睛都笑成了一条缝,果然是我家的一颗开心果哦。

培养成长型孩子的五个赞美金句:

淘宝,你真勇敢,真是我们家的小小男子汉!

果果,你的想法很特别哦,真是个自信而有思想的好孩子!

淇淇真能干,比爸爸小时候强,继续努力,一定可以超过爸爸。

腾腾,你敢第一个回答,真是个勇敢的孩子哦!

妈妈相信,你将来一定会成为一名优秀的画家!

3. 认可

淇淇上大班时有幼小衔接的教学,每月一次小作业。当时淇淇虽然是班上年龄最小的,小作业却做得非常漂亮。我作为主班老师,跟所有妈妈一样担心孩子得满分会骄傲,于是给了个99分。记得小作业发下来时,他还举着作业歪着小脑袋问我:"妈妈,我全对,为什么不是100分呢?"我不记得当时自己找了个什么理由怎么糊弄过去的,这件事对淇淇的影响却不小。即使淇淇上大学了,有一次饭后聊天他都提起了这件事,说:"妈妈,你知道吗,跟得100分的小朋友相比,那个99分让我觉得自己有点笨。"

这件事让我意识到,孩子小的时候,尤其那时候我是妈妈,同时又是老师的角色,对孩子的认可,真的影响深远。

金鸡奖和百花奖双料影帝姜文,虽然得到了世人眼里的成功,可他却说:"我人生最大的失败,就是处理不好我和我妈的关系。"不论是他考上中戏,还是因为《红高粱》一举成名,给母亲钱,为她买房,他一直试图讨好母亲,但直到母亲去世,对他也没有过一句认可。

无论孩子多大,最能治愈他们的,是父母的认可。

作为父母该如何认可孩子呢?

有时候路过学校或商场,我发现越来越多的妈妈们都能有意识地尊重和认可孩子了,但也有让我冒冷汗的父母。那么父母该如何认可孩子呢,从以下两方面可以为孩子构建一个不错的成长环境。

(1)发自内心认可

淇淇是个天资聪颖的孩子,尤其语言发展明显优于同龄孩子。他从会讲话就特别爱听故事,只要听故事就特别专注和认真。他也特别暖心,妈妈择菜,他会搬个小板凳给妈妈,还会主动帮妈妈捶捶背。这么聪明可爱的孩子,认可和肯定他,是自然而然的事。

应该是上小学后,我们对他开始有了比较心和期待心,那个以前妈妈眼里闪闪发光的孩子不见了,在我审视、挑剔的目光下,只剩下没有考满分的淇淇、写作业慢吞吞的淇淇、抗拒培优的淇淇……

有一次在亲子夏令营,有个互动环节:请爸爸妈妈写下孩子十个优点。我竟然提笔写不出三个优点,停顿片刻,脑海里浮现的都是孩子的缺点。我幡然醒悟,难受地噙住泪珠……不知从什么时候开始,我不再认可我的孩子,我像个审判官,每天指手画脚嫌弃他这也不对那也不好,内心只有一个声音在指挥着作为妈妈的我:我的孩子怎么可以不优秀呢?

可想而知,那段时间孩子学习成绩下降了,亲子关系也比较紧张,一到写作业真的是血压上升气到肺炸。

好在,我及时刹车了,我愿意相信孩子。不论哪个阶段觉得孩子有问题,有且仅有一个解:用爱和发自内心的认可接纳自己的孩子,别无他法。改变了自己,就改变了我们和孩子的关系,孩子是我们最好的修行。

(2)有仪式感的爱

对于孩子来说,仪式感会让他们有很好的体验和回忆。

果果小朋友在幼儿园一首儿歌、一支舞蹈得到表扬,都会雀跃不已。

我们提议:"果果,把今天老师表扬你的儿歌、舞蹈表演给我们看看吧!"

果果马上站到电视背景墙前面对大家,自己报幕,然后有声有色地边唱边舞,表演结束,我们都是最热情的观众,给予小演员最热烈的掌声和鼓励。

果果的自信和舞蹈兴趣,就这样一点点被培养起来了。

虽然家里客厅不是舞台,但家人"搭建"起来的、仪式感满满的小"舞台"让她非常享受。

三、渴望被认可的孩子,"乖"可能是一种讨好

有句话说,"懂事的孩子更令人心疼",确实如此。因为渴望得到认可是孩子的本能需求,但有些孩子却因为过度看人眼色,一点点发展成了"讨好型人格"。

心理学里的讨好型人格是指在人际交往中为了照顾别人的感

受,而不惜丧失自己的底线和原则,进而做出牺牲、做出让步的性格。

讨好型孩子看似有眼力见、情商高,很讨大人喜欢,实际他们内心未必快乐,甚至有患心理疾病的风险,所以父母一定要及时对孩子进行正确引导,避免孩子发展为讨好型人格。

讨好型孩子有哪些表现呢?

讨好型孩子一般内心比较敏感、自卑、没主见、喜欢迎合别人,他做什么事情都是围绕着渴望得到父母、老师或同伴的肯定而进行的。这样的孩子喜欢过分解读揣摩别人的想法,他们也不大会拒绝别人。

是什么促使孩子形成讨好型人格的呢?

我有一个朋友,她是一位单亲妈妈。一次,她带着七八岁的女儿和我们一起用餐。

点餐时,我们问:"宝贝,你想吃什么呀?"

小女孩第一反应是笑脸看着妈妈:"妈妈,你说我吃什么呀?"

席间,她也几次在上菜第一时间就给妈妈夹菜,朋友们都羡慕地说:"还是生个女儿好,果然是贴心的小棉袄哦!"

七八岁的孩子过于懂事,其背后可能隐藏着安全感和爱的缺失。她从出生就被嫌弃是女孩,同时自她出生,这个家庭就纷争不断,婆媳矛盾、夫妻争吵……直到最后家庭破裂。

除此之外,控制欲强的家长也容易使孩子没主见,逐渐演变为讨好型人格。

怎样才能避免孩子发展为讨好型人格呢?

1. 对孩子的爱不带附加条件

"如果你考班级前三名,妈妈就给你买你想要的乐高""如果你小人才大赛拿奖了,爸爸就带你去吃大餐",这样的对话,我们是否很耳熟呢?

我也曾是这样的妈妈,回想起来以为是鼓励孩子,现在想想确实汗颜。孩子考100分,欢天喜地奖励他去吃牛排;孩子考砸了,河东狮吼。就像《小舍得》里,学校家校互动活动中,颜子悠上台分享的一句话:"你爱的不是我,是考到满分的我。"

爱有条件是交易,爱无条件是真爱。父母爱孩子天使的一面,爱100分的好孩子,这种爱是有条件的,它们更像是交易,而不是真爱。很多人说现在孩子没有感恩心,其实也是这种有条件的爱的产物。当父母含辛茹苦地培养孩子,风雨无阻早送晚接百般呵护时,孩子也认真学习回馈了你满分,他内心觉得两清了,你的付出他已用满意的答卷和分数回报了你,两不相欠呀。所以请爸爸妈妈们不要把对孩子的爱变成有条件的交易。

2. 允许孩子说不

闺蜜说自己三岁的二宝不知怎么啦,最近一点都不听话,说个啥都"不",是不是孩子有问题了?当然不是。

在心理学上有个词语大家都很耳熟,叫"叛逆期"。有研究表明,人一般要经历两个叛逆期,一个在 2~4 岁,一个在青春期。从根本上讲,叛逆期其实是指这个阶段孩子自我意识开始快速发展,开始有独立、自主的发展需求了。

尤其在第一个叛逆期,也叫"执拗期",爸爸妈妈很容易强势打压孩子说"不",孩子一次次缩回去,久而久之,便再也不敢轻易表达自己的主见和需求了,逐渐向着妥协、取悦和讨好大人成长。

如果孩子有些讨好倾向,那么请允许并鼓励孩子说"不",因为讨好不是孩子的本意,讨好他人的孩子内心并不快乐。

其实关于学会说"不",我自己也深有体会,大约到三十多岁,我才学会了从不好意思拒绝到遵从内心做自己,勇敢说"不"。

3. 做学习型父母,给孩子每个阶段不同的成长陪伴和支持

做父母前,请先学习孩子成长的相关知识,这样才能读懂孩子,懂孩子各个年龄阶段身心发展的规律和特点,知道孩子成长阶段有哪些关键期,需要父母怎样的支持,这些真的很重要,也是做理性而智慧的父母的标配。

孩子一般分为四个成长阶段,分别是婴幼儿期、学龄前期、学龄期、青春期。

三岁前是一生的关键时期,中国老话有"三岁看大,七岁看老"

的智慧,婴幼儿期是情感依恋建立期,此时的孩子最需要父母的陪伴,所以有专家提出,孩子三岁前,即使是搬金砖,妈妈也要优先照顾孩子成长。

学龄前期孩子发展迅速,也是各项能力发展的重要阶段,这个时期父母应该帮孩子扣好人生第一粒扣子,养成认真学习和健康生活的好习惯,这些他将受用一生。

1978年,全世界诺贝尔奖获得者在法国巴黎聚会。有记者问当年的诺贝尔物理学奖得主卡皮察:"您在哪所大学、哪个实验室里学到了您认为最重要的东西?"这位白发苍苍的老人回答道:"是在幼儿园。我学会了把自己的东西分一半给小伙伴们,不是自己的东西不要拿,东西要放整齐,吃饭前要洗手,做了错事要表示歉意,午饭后要休息。学习时要多思考,要仔细观察大自然。从根本上说,我学到的全部东西就是这些。"

学龄期的孩子有着明显的独立意识,家长要做的是尊重和放手,让孩子学会独立处理一些事情。这个时期,孩子已经有自己的主见和思考了,他们的自我意识发展日渐增强。

青春期是很多爸爸妈妈最头疼的阶段,亲子关系敏感脆弱,同时又面临孩子关键的升学压力。这个时期,孩子逐渐形成了自己的世界观、人生观和价值观,这时父母更要尊重孩子,遇事尽量商量引导着来,否则亲子关系冲突会加剧,轻则影响学业,重则向着不可控的方向发展。

父母对孩子有着天生的爱,但懂爱会爱是需要不断学习的。陪伴是最好的修行,作为陪孩子走过青春期的妈妈,我深刻认同人生有两个重要的学习阶段:一个是学生时代,另一个就是为人父母后。

在"睿问武汉"的演讲台上,我发自内心地表达:

> 孩子,感谢你的到来!
>
> 经由我,
>
> 给了你体验生命的旅程;
>
> 经由你,
>
> 给了妈妈爱的钥匙!

我们希望听到越来越多的父母发出这样的声音:"宝贝,谢谢你!因为你,让我成为更好的自己。"

点燃内驱力：如何让孩子自觉又主动

📖 爱的工具：内驱力动机测一测

1. 孩子喜欢探究新奇、新鲜事物，尤其对没看过、不知道的东西兴趣浓厚，喜欢伸手去够东西，将东西拆开看，经常喜欢追着父母或老师问为什么。

（是〇　　否〇）

2. 孩子在选择图书、玩具、服饰等物品时，会挑选影视动画里的同类或同款商品，同时他们对生日、儿童节、纪念日等比较期待，内心装着满满的仪式感。

（是〇　　否〇）

3. 当孩子和小伙伴在一起时，总能成为人群中影响或领导他人的那一个，同时他组织能力强，不论是私下还是班级里，都能在需要的时候有效地组织起人来，并且能把整个团队管理得秩序井然，别的孩子都愿意听他的。

（是〇　　否〇）

4. 孩子有主见，喜欢参与家庭或班级大小事情的决策，不喜欢按部就班盲从听话，敢于表达自己的想法和意见。

（是〇　　否〇）

5. 孩子不论是在陌生人面前，还是班级同学中，不会因为胆小害羞而怯场，反而会主动站出来。一般表现欲比较强，不甘平庸，同时他们也喜欢得到别人欣赏的目光和赞美。

(是〇　否〇)

选择答案"是"比较多的孩子内驱力动机比较明显,选择答案"否"比较多的孩子,内驱力较差,还需家长多多鼓励和培养。

第二章

赋能亲子关系

从教育角度来看,孩子教育与家庭关系是密不可分的。心理学研究表明:好的亲子关系胜过一切教育,是决定孩子幸福一生的底层密码。哈佛大学著名的"格兰特研究"持续了75年,实验得出的结论是爱商关系决定一切。

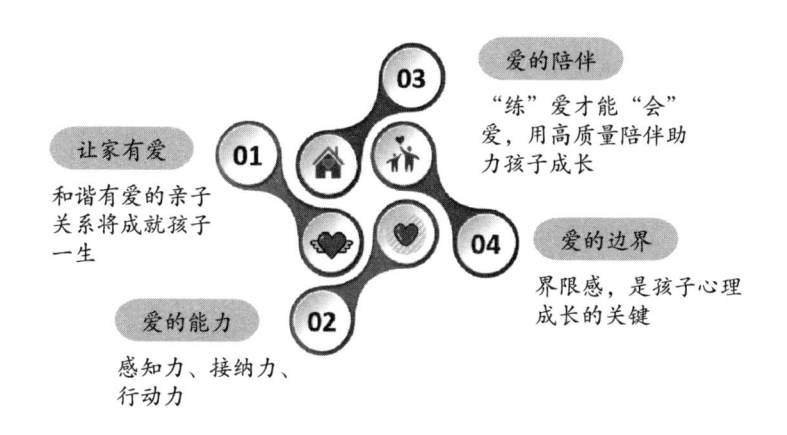

01 让家有爱
和谐有爱的亲子关系将成就孩子一生

02 爱的能力
感知力、接纳力、行动力

03 爱的陪伴
"练"爱才能"会"爱,用高质量陪伴助力孩子成长

04 爱的边界
界限感,是孩子心理成长的关键

第一节　让家有爱：和谐有爱的亲子关系将成就孩子一生

一、爱商才是人获得成功和幸福的金钥匙

1938年，哈佛大学医学院开展了一项关于"人怎样才能健康、成功、幸福"的调查研究，称为"格兰特研究"。持续跟踪研究75年后的一天，第四任领导人罗伯特来到TED演讲的舞台，向世人宣告这项伟大研究的成果。

罗伯特教授说，拥有良好人际关系的人，更容易获得幸福和成功。而拥有良好人际关系的人，他们绝大多数都是懂得爱与被爱的人，也就是说，爱商是人获得成功和幸福的金钥匙。那么如何提高爱商呢？亲子关系起决定作用。

心理学家通过"柏克莱指导研究"（一项亲子关系研究）发现，那些幼年时期家庭糟糕的情感气氛会影响孩子的IQ，即父母关系不好的孩子，他们的智商也会慢慢受到影响。另外，父母关系不好的孩子，比其他孩子患抑郁症等心理疾病的概率会更高。

1. 好的亲子关系是什么样的

北大才女赵婕说过这样一段话："我钦佩一种父母，她们在孩子年幼时给予强烈的亲密，又在孩子长大后学会得体地退出，照顾和

分离都是父母在孩子身上必须完成的任务。亲子关系不是一种恒久的占有,而是生命中一场深厚的缘分,我们既不能使孩子感到童年贫瘠,又不能让孩子觉得成年窒息。做父母,是一场心胸和智慧的远行。"

(1)好的亲子关系在日常:孩子喜欢和父母亲近,爱分享,常拥抱。

当下很多家庭,幼儿园以前孩子特别愿意亲近父母,黏着爸爸妈妈,小嘴巴叽叽喳喳说不停;到了小学,逐渐少了许多的亲昵和"废话";到中学,孩子就更少与父母主动交流了,甚至关上心门,我们不懂孩子,孩子觉得跟父母说不通,亲子间的距离越来越远。

而在和谐温馨的家庭里,我们会发现孩子、爸爸、妈妈总有说不完的话。每个人对童年家庭温暖的记忆莫不如是:沙发上妈妈认真听孩子分享他和小伙伴的点滴,草地上孩子和爸爸打闹玩耍,进步了有爸爸妈妈鼓励的话语,委屈难过了有安慰的拥抱……

(2)好的亲子关系中,孩子愿意向父母求助。

记得大约淇淇上七年级,有一天晚餐后,他突然冒出来一句:"妈妈,被人喜欢也是有风险的!""哦?跟妈妈说说发生什么了?"原来淇淇在上厕所时被别班一个男生拦住警告了,说他喜欢淇淇同班的一个女生,但这个女生不仅拒绝了他,还告诉他自己喜欢淇淇。

"妈妈,你说我该怎么处理呢?"后来,我们引导淇淇,并和他一起分析,最终做了圆满的处理。进入青春期,少男少女有些朦胧的情愫是很正常的,孩子愿意主动跟我们诉说遇到的困扰和内心的矛盾,并向父母求助,一起想办法妥善处理,这样的亲子关系滋养着孩子,更有利于孩子成长。

2. 三招经营爱意融融的亲子关系

(1)每个孩子都独一无二,请多元评价

来咨询的小M妈妈说,现在很多专家都在讲父母应该接纳孩子,难道我无下限地任由孩子成绩一天天下滑吗?不盯着孩子的学习成绩,将来连个高中都考不上,以后竞争这么激烈,工作怎么办?

家长们这样的想法很普遍,在多元智能教育视角下,我们提倡多元评价孩子,主要有两层含义:第一,每个孩子都有他自己的优势智能,比如语言智能突出的孩子,向着演讲、写作发展更省力;身体动觉智能优秀的孩子,未来可能是运动健将或舞蹈家……这种情况下,如果仍然根据孩子的学习成绩来评价孩子,那未免单一了些。第二,随着AI时代来临,培养孩子的共情能力和创造力在未来是趋势,这样评价和培养孩子,孩子才可能具有更多的不可替代性和发展可能性。

淇淇在高一时几乎被劝退,即使面临如此糟糕的情况,我们真的是发自内心地选择了接纳,孩子也主动说:"爸爸妈妈,我只有在画画时很快乐。"于是,我们尊重了孩子的选择,然后提供一切相应的支持,也正是这个转折,淇淇的内驱力在自己热爱的领域被点燃了。

(2)爱的表达成就孩子

爱的表达要渗透在日常生活中,它们可以有效滋养亲子关系。其中值得我们注意的是,仪式感不可忽视。

记得小时候,我们每个孩子的生日,妈妈都会做一颗水煮蛋,这是我们对于生日仪式感的美好记忆,它在细节处让我们感受到了妈妈的爱。父母与孩子亲子关系的建设,每个特别的日子都是很好的表达爱的时机:孩子第一次登台在国旗下讲话,拿到进步的成绩单,父母或孩子生日,孩子被选入学校乐队、当选小班长,舞蹈比赛获得荣誉……同时,表达爱的方式也可以有很多种:一次远足陪伴,一起享用孩子期待已久的美食,和孩子在水上世界疯狂打水仗……

这些爱的表达会装满爱的"存钱罐",从而让我们和孩子的亲子之爱丰盛而甜蜜。

(3)在孩子不擅长但又很重要的领域耐心引导孩子

在孩子成长过程中,可能会遇到自己不喜欢的学习项目,但这样的学习又能让他受益终生,这时就需要父母科学、耐心地引导了。

果果性格活泼,喜欢唱歌跳舞,尤其语言表达能力优秀,但静下来阅读相对薄弱。我们都知道,阅读对孩子成长非常重要。

很多妈妈也说,学习哪有快乐的呀,让孩子玩游戏是快乐的,但培养他阅读真的有点难。其实不然,我是这样引导果果读绘本故事书的。

"果果,后天你就是小学生啦,姨妈送你一套绘本,祝贺你长大哦!"

"谢谢姨妈,这书好看吗?"

"当然了,这是一套关于怎么管好自己的书,里面还有许多小故事呢!"

"好,我可以拆开吗?"

"当然,这是你的书啦!"

"姨妈,好多字我不认识,你能讲给我听吗?"

"好呀,我们来玩个讲故事游戏,我先讲给你听,你再当我的小老师讲给我听,可以吗?"

"好呀好呀!"

饭后,果果对没看的内容也有了兴趣,于是嚷嚷着让哥哥给她讲故事,不仅如此,还从房间拿出了一本寓言故事,她说:"我还喜欢看这本书,因为这里有好多好听的故事。"从孩子感兴趣的绘本、故事书入手,加上愉快的读书和讲故事氛围,相信坚持下去,阅读会成为孩子快乐成长的好习惯。

二、稳定的家庭关系是影响家庭幸福的关键要素

来访者小 H 说,自从有了宝宝,老公爱儿子远远胜过爱自己。他们第一次夫妻吵架,也是因为孩子。当时孩子摔了,老公怪小 H 没有看好孩子,做妈妈太粗心马虎。随着孩子渐渐长大,她还发现老公的言行倾向于溺爱和迁就,有些讨好孩子。就这样,孩子成了他们夫妻亲密关系的"第三者"。

还有些家庭,父母经常吵架、冷战,孩子感受到的是压抑,毫无温暖。爸爸妈妈之间的矛盾一地鸡毛,无辜的孩子被卷入其中,甚至有的爸爸妈妈一吵架就把离婚挂嘴边,并逼问孩子要爸爸还是要妈妈,让孩子成为痛苦的"夹心人",这种现象在心理学中有一个专有名词,叫关系中的三角化。

现实生活中我们发现,很多父母都不会妥善处理双方的矛盾。夫妻发生冲突时,互相会产生很多的焦虑情绪,为了减轻因关系紧张带来的情绪压力,很自然地会选中孩子,让孩子成为那个从中"协调"关系的小助手,将孩子拉进自己的麻烦中,这个过程就形成了家庭情感表达的三角关系。健康的家庭,三角关系是流动的,没有敌对,没有联盟,彼此关爱,互相支持。可如果父母之间矛盾重重,相互怨恨,孩子就会被卡在三角上,成为平衡矛盾的工具,引发更复杂的家庭矛盾。"家庭系统排列"创始人、德国心理治疗师海灵格也认为,家庭秩序的混乱是导致所有冲突的根源。

家庭秩序的混乱会深深影响孩子。

首先,孩子会缺失安全感。安全感是孩子健康心理及人格的基础,安全感充足的孩子更自信,更有力量。现在被大家经常提及的原生家庭,安全感的缺失是很重要的一环。在LUXX动机测评量表图谱中,有个安宁动机。量表中来访者的安宁动机分值越高,那么他越缺乏安全感,很多精神倾向疾患风险就越大。

其次,容易扭曲情感,影响孩子的人际交往。最近一个来访者,名校硕士研究生学历,就职于某央企,但无法与同事们建立良好的关系。咨询得知,他小时候家庭关系非常糟糕,童年的回忆里不是争吵就是冷战,这样的家庭让他非常恐惧,内心一直想要快点长大逃离家庭。他说这也是他努力读书,报考外地大学,在外地就业的主要原因。安全感的缺失,深深影响了他与他人建立关系,影响了他的职业发展。

最后，容易让孩子产生内疚和自责。在这种三角家庭关系里，父母吵架了，孩子变得日渐敏感脆弱，心底会发出内疚和自责的声音："都怪我，要不是我没考好，爸爸就不会指责妈妈，妈妈和爸爸就不会吵架。"这样的家庭相处模式，每一次争吵，都会强化孩子的羞耻感和内疚感，而它们又会伴随孩子很久，有的孩子甚至需要用一生来疗愈。

那如何建立科学的家庭秩序呢？

第一，理顺爱的秩序：亲密关系大于亲子关系。海灵格认为，夫妻并肩站立，孩子站在父母前面中间位置，形成稳固的等腰三角形，也就是说，夫妻亲密关系大于亲子关系的家庭关系才是正常的。

孩子降临小家庭后，很多小夫妻会把爱的重心转移到孩子身上，甚至有些"拉拢讨好"孩子，以得到孩子的亲近，争夺在孩子心中的位置。这无疑破坏了家庭关系的秩序，让亲子关系"凌驾"于亲密关系之上。

第二，父母要懂得"取悦"自己，保持夫妻亲密感。在家里，爸爸妈妈各自有自己的事业和业余爱好，有自己的独立时间、空间以及社交活动圈子，让自己处于一种良好的平衡状态。在这种状态下，夫妻彼此间仍然能感受到对方的爱与魅力，亲密关系也能得到保持和滋养。孩子感受到了爸爸爱妈妈，妈妈爱爸爸，爸爸妈妈都爱自己。在爱的耳濡目染里，孩子得到了爱，同时也学会了爱，这便是最好的家庭关系。

第三,亲子关系需要做好三个回避。有句老话"儿大避母",回避的其实不止于此。母亲在孩子成长路上适时退出是必要的,更是育儿智慧。母亲给孩子的是温柔接纳的爱,儿子长大还需父亲阳刚力量的爱,这两种爱缺一不可。同时,随着孩子慢慢长大,父母还需注意爱唠叨和情绪化等问题。几乎所有孩子都讨厌父母在自己耳边不停地唠叨,尤其是只关心学习和成绩的絮叨。这只会让孩子感受到,父母喜欢的是隔壁小明一样学霸型的孩子,而非自己。"不辅导学习,母慈子孝;辅导作业,鸡飞狗跳"成了很多家庭的真实写照。情绪一上头,整个家庭气氛骤变。只有情绪稳定的父母,才能培养出同样遇事不急躁、心平气和的孩子。

父母之于子女,不只是给予孩子舒适和富裕的生活,更是提及父母,孩子会感觉到温暖,内心充满力量,从而拥有克服困难的勇气和能力,以此获得真正的快乐和自由。真正负责任的父母,会科学引导孩子塑造他的人生观和价值观,而"塑造"的最高境界源于影响。作为父母,我们的一言一行都在施教于孩子,影响着孩子。

三、二孩三宝家庭一碗水端平很难？父母这样做，自己轻松孩子幸福

《郑伯克段于鄢》中写道，郑庄公的母亲姜氏宠爱幼子共叔段，致使共叔段恃宠而骄，目无兄长，犯上作乱，兄弟二人战场相见，最后共叔段被驱逐出城。由此可知：父母对子女一碗水没有端平，不能够做到相对公平的，子女之间多不和睦，父母偏心会是孩子们一辈子的痛。随着二孩三孩政策的放开，如何经营好多子女家庭，无论是对父母，还是对孩子而言，都是个非常重要的课题。

为什么会偏心？

在我小时候，爷爷从供销社带回五颗糖，他给哥哥和我分糖果时说："你是妹妹，他是哥哥，他吃三颗，你吃两颗。"瞧，我就有一个偏心的爷爷，不过爷爷还是给了我们很多童年温暖的回忆。

美国著名心理学家弗兰克·苏洛威在《天生反叛》一书中解释了父母"偏心"的问题，结论是：家长之所以偏心，与生物学本能有关。

从社会文化因素来看，父母会更偏向于相对比较弱势的孩子。多子女家庭中，孱弱的孩子看上去总是更令父母放不下心，父母处处给予更多照顾和爱也是本能。还有一种情况就是，父母会更偏爱善于讨父母欢心的孩子，"爷娘只爱顺心儿"。妈妈说我小时候又

倔又强，眼看着父母回家了，交代的事儿没做也不认错，而妹妹非常有眼力见，听到父母回家的声音，连忙乖巧懂事地递上茶水，爸爸妈妈逢人便夸妹妹灵光懂事。

父母偏心，对孩子会产生怎样的心理影响呢？

1. 不利于孩子成长。父母如果偏心于某个子女，那么被偏爱的孩子可能会因为娇宠而变得霸道，进而以自我为中心，自私任性，不懂谦让合作，这些都可能成为孩子建设同伴关系，甚至以后职场关系的绊脚石。而家中被忽略的孩子可能慢慢发展为讨好型人格，以求得别人的关注与认可。这类孩子往往一边讨好父母，一边又对兄弟姊妹心生怨恨，使得家庭难以真正和睦。

2. 不利于亲子和手足关系。接待过很多来访，双胞胎或二宝家庭的父母对孩子们的爱一旦无法实现公平与平衡，便会影响亲子和手足关系。有个来访者妈妈困扰不已，双胞胎兄弟，哥哥学霸很省心，弟弟成绩平平爱游戏。她说，对哥哥确实是发自内心的多一点偏爱，尽管自己已经小心翼翼，但弟弟还是感受到了自己在父母眼里不够好，对父母逐渐有了距离感，刚进青春期就和妈妈对着干；同时，弟弟觉得哥哥才是父母的希望，兄弟俩也不像小时候那样亲密无间无话不谈了。

一碗水端平其实也不难，请做好这两点：

1. 给孩子足够的爱和尊重。小家庭里，对于弟弟妹妹的到来，如果老大感受到的是新成员抢走了原本属于他的关注和爱,那么自然是有情绪和想法的。而智慧的爸爸妈妈都做到了尊重老大,其实从计划生养弟弟妹妹之初,就可以告诉并尊重、引导好老大,比如弟弟、妹妹出生后,给予老大更多的权力:把分配东西的权力交给大宝,大宝穿小的衣服、小时候的玩具和书籍等,这些物品都可以让老大分配,并给予他肯定和鼓励,让他感觉到自己升级做哥哥或姐姐了,多了一份权力和担当。

2. 孩子之间不比较。父母对孩子们产生比较心,这是一种本能,也是大多数矛盾的起因。经常把老大、老二、老三放在一起作比较,这样不仅会伤害孩子,还会破坏孩子之间的感情和关系。让老大知道,他和弟弟妹妹各有特点和优势,都是爸爸妈妈最棒的孩子;同时,父母引导小宝要尊重大宝。适当放手让他们自己相处,不偏不倚,要相信,他们能找到属于他们最舒服的相处方式。

第二节 爱的能力：感知力、接纳力、行动力

弗洛姆在《爱的艺术》这本书中写道，爱不是我们与生俱来的一种本领，而是一种需要通过后天学习才能获得的能力，而童年是培养爱和被爱的最佳时期。爱是一种通过学习和练习获得的能力，要想提升孩子爱的智慧，即爱商，须提升孩子爱的三力：感知力、接纳力和行动力。

一、提升爱的感知力，养育有幸福力的孩子

一个春光明媚的周末上午，我们带着孩子们去公园，那时淘宝两三岁的样子，果果一岁多，刚蹒跚学步，腾腾哥哥已是中学少年了。春天万物勃发，孩子们来到公园满心欢喜地撒欢嬉戏。

"哥哥，这是小蝌蚪吗？"

"奶奶，你看，花花开啦！"

"姑妈，柳树姑娘的辫子掉到水里啦！"

沐浴在灿烂的阳光下，带着孩子们在春天大自然的怀抱里感知美好、发现美好，看着他们尽情地游戏奔跑，幸福也莫过如此。

拥有爱的感知力的孩子，具备以下能力：

首先，有感知力的孩子乐观有爱。有感知力的孩子特别有爱，他

们爱植物花草,更爱小动物。小时候,淇淇最爱的不是超市和游乐场,而是花鸟市场。小金鱼、小乌龟、小白兔、小豚鼠等都喂养过,现在我们家的猫咪就是他高考前抱回来的家庭成员。记忆最深刻的是,小学时淇淇用零花钱买了一只可卡犬,全身乌黑油亮,四只爪子有一撮白毛,我们给它取名踏雪。不论是喂食,还是下楼遛狗,淇淇都亲自照顾踏雪,他和踏雪建立了深厚的感情。后来狗狗被送到乡下奶奶家丢失了。一提及踏雪,淇淇难过的情绪都久久挥之不去。

其次,有感知力的孩子对自己喜欢的事能坚持。孩子从求学到未来职场,期间会遇到很多困难和挑战,唯有热爱方抵得万年长。感知力强的孩子,能听从自己内心的声音,坚持做自己喜欢的事。记得高强度集训那段日子,孩子非常辛苦,校长、年级组长和班主任看望孩子们时,转身都双目噙泪,心疼不已,我们问他:"淇淇,这么辛苦你受得了吗?"淇淇铿锵答道:"我们都是有梦想的孩子,这点困难算啥!"

最后,有感知力的孩子更懂感恩。亲子之爱是一场渐行渐远的分离之爱,但暖心的点滴让人感动:散步时,淇淇会有意识地走妈妈左边,把最安全的右边留给妈妈;下雨天,从路边到上车短短十来米距离,他会伸出手掌帮妈妈挡住细雨;旅行途中,一手拎起自己的箱子,一手拎起妈妈的行李箱……家有感恩心满满的暖男,妈妈很幸福。

我们如何才能培养出有爱的感知力的孩子呢？

第一，引导孩子学会和人、事、物建立感受。公园里花儿娇艳，果果小手忍不住就想摘下来。

"果果，花花开得美不美？"

"美！"

"你喜欢它吗？"

"喜欢！"

"那你告诉我，你喜欢花儿在风中跳舞，还是被你掐掉晒死呢？"

"额，喜欢花花跳舞。"

"掐掉花花，它离开了大地妈妈，没有水和营养，它就会枯萎呀！"

果果乖乖地缩回小手，歪着小脑袋跟小花朵说："花花，对不起，我不摘你回家了，你开开心心地跳舞吧！"

教孩子学会感受一朵花的开心，更要学会感受爸爸妈妈的关心和辛苦，这样孩子的感知力便会慢慢"长成"善良和温暖。一个孩子，如果有感知爱的能力，那么，再多的风雨都不会是困顿，而是向着幸福生长的种子。

第二，培养孩子一颗感恩助人柔软的心。曾经我们家厨房飞来一只鸟，不久便筑好了鸟巢，之后又飞来一只鸟。有一天，淇淇惊喜地大声喊道："妈妈，快来看，鸟窝里有三只小鸟！"那段时间，每天放学回家,淇淇都会静静地观察鸟儿,从梧桐新绿到枯落,直到小鸟们长大离开。窗台飞来的小鸟、路边的乞丐,以及后来的各种捐款捐物献爱心活动,淇淇都慷慨热情地献出了自己的一份爱。

第三,学会给孩子一些小惊喜。培养孩子爱的感知力,有时候也需要爸爸妈妈为孩子创造一些生活中的小惊喜,前提是懂孩子。有一次,孩子参加为期 14 天的国学夏令营,生活非常清苦,训练也很辛苦。结营那天,我准备了孩子最爱吃的糖醋排骨和丰盛的美食,孩子一回家便狼吞虎咽地吃起来,边吃边说:"太好啦!妈妈,你怎么知道我现在最想吃的是排骨呢?"

生活中很多细节都可以成为超出孩子期待的惊喜:给他房间换了最爱的海绵宝宝床单,出差带回来他最爱的大海螺,下雨天打开饭盒看到了爸爸剥好的大对虾……与其说是给孩子惊喜,其实更是对他点点滴滴的用心的爱。这个过程中,孩子不仅感受到了父母的爱,潜移默化中,孩子也学到了家人爱的模式和方法,同时,这些惊喜也是亲子关系爱的银行中的一笔笔存款。

二、这样接纳孩子，才能成就孩子一生幸福

我在做家庭教育讲座时常用到下面这一段视频。

记者问妈妈们："如果给您的孩子打分,您会打多少分呢?"

妈妈们第一时间想到的是孩子们的缺点与不足："他就是不肯好好吃饭！总喜欢用袖子擦嘴……一天要哭五六次,有时候真的让我很生气……"

妈妈们纷纷给出了孩子在自己心中的分数：5分、6分、7分……

当记者问可爱的孩子们"如果让你给妈妈打分,你会打多少分"时,孩子们毫不犹豫、满脸骄傲地回答："10分""100分"……

每每播放这段视频,现场的家长们都会红了眼眶。原来,孩子爱我们才是真正的无条件接纳的爱,而我们爱孩子是有要求和条件的。

美国心理学大师罗杰斯说："爱是深深的理解与接纳。"可实际上,父母们最常犯的错,就是无法真正接纳孩子最真实的样子。世俗的标准、他人的眼光等很多东西都凌驾于孩子的感受之上。

接纳孩子的不完美是父母给孩子最好的爱。接纳,也是我们家亲子教育本质改变的根本,是淇淇从"要我学习"到"我要学习"内驱力开启的分水岭。那么我们父母怎样才能真正做到接纳孩子呢？

1. 与自己和解才能接纳孩子

网上有段话很流行,大意是说人生有三个必须迈过的坎:接受父母的平凡,接受自己的平凡,接受孩子的平凡。

接受自己的平凡,某种意义上即与自己和解。虽然为人父母,但回想起来,不论是风生水起的骄子,还是自认为被生活"摩擦"的平凡人,都曾年少轻狂,自命不凡。生活让我们逐渐变得温和接纳,包容从容。

打拼事业时,我们与自己和解:不再处处要求自己完美,逐渐承认自己也有不足和做不到的事情;

回到家里时,我们与自己和解:不再是万能金刚,不论是子女、伴侣,还是父母角色,明白自己不过是一个普通人,允许自己做不到面面俱到照顾好所有人,而开始关照、爱自己了。

当我们学会与自己和解,对孩子没有过多的比较、抱怨和期待时,才能真正接纳孩子。

2. 多元评价:正视孩子与其他孩子间的差异,接纳孩子的独特

从教这么多年,当我真正走近多元智能,真正深入学习和研究后,才感受到了多元智能对孩子成长的重要意义。岳晓东博士常说,我们并不是要利用多元智能找出孩子的天赋,进而选拔孩子,而是要利用它看见每个孩子的不同,进而帮每个孩子活出自己的

光彩。

比如,有的孩子音乐智能是天赋优势智能,他的乐感、节奏、表演等能力较强,比起常规的语数外等文化课学习,他在学习音乐时更加轻松自如,也更容易取得进步和成就,这时家长要正视孩子与其他孩子之间的差异,接纳孩子的独特,鼓励孩子做自己喜欢的事。

3. 放下高期待,接纳孩子的感受

适当的期待,对孩子而言是来自家庭甚至家族给予的动力,但过高的期待会成为孩子巨大的心理压力。来访者六年级的小林在咨询沟通时说:"我宁愿爸爸妈妈再生一个弟弟或妹妹,这样我就不会让他们望子成龙的期待落空,至少他们也会多一个希望。"当我把这句话转达给他的父母时,父母颇有触动。

过高的期待,孩子感受到备受关注的同时,一旦没有达到预期,孩子内心会生发愧疚感、羞耻感,久而久之,这些感受和情绪不仅不会是孩子学习的动力,反而会成为他前行的负担。一次作业或考试不理想,如果父母不懂孩子,看到的是孩子糟糕的成绩或分数,其实从孩子拿到分数时起,他已经经历了许多:既有难以面对老师同学的压力,也有对自己的沮丧和不满,同时还想着回家怎么迎接家长的暴风雨……想想孩子多么可怜呀!面对这种情况,父母更需要看见、理解并引导孩子。任何一次挫折都可以给孩子带来成长,不论如何,我们都要让孩子感受到爸爸妈妈永远是他们的支持者。

三、那些暖心的孩子,都有爱的行动力

记得有一次,我感冒了,家里只有我和孩子两人在,躺在床上头晕脑涨浑身无力。那时候淇淇上幼儿园中班,四五岁的样子。他看到妈妈生病了,平时特别爱玩的积木也不玩了,显得有些坐立不安,"妈妈,你生病了。别担心,我来照顾你吧!"

昏昏沉沉的我,也不知道他捣鼓啥,就嘱咐孩子注意安全,等晚一点爸爸回家了,妈妈再去医院。过了好一会儿,他泼泼洒洒地端来一杯红糖水递到床头。那是我第一次被小家伙照顾,特别暖心。这样被我家小暖男爱着,回忆里还有很多。

不管是父母爱孩子,还是孩子爱父母,其实都在平常。常言道,生活即是修行,不无道理。日子没有那么多轰轰烈烈,爱的行动都在平淡的每一天里。一个从小相信爱且被爱环绕的小孩,长大后才会有爱的能力和行动。

很多妈妈说:"我们也想收获一个暖心的孩子,可孩子就是懒、情商低、没眼力见啊?"身教言传,家是最好的道场,父母是最好的老师。

淘宝弟弟也是一枚暖男,不仅说话贴心,还是个非常有爱的行动力的孩子。爸爸下班回家了,他为爸爸拿拖鞋;家里来客人了,他递上热茶;奶奶做饭,他帮着择菜;吃完饭,他搭上小凳子认真地学

着洗碗;爷爷背不舒服了,他给爷爷按摩捶背……

如何培养孩子爱的行动力呢?

1. 找到具体能够落实的任务,且不要超过三个。

行动科学管理术认为,培养新的行动习惯时,最多不要超过三个。比如你想让孩子爱上运动,可以告诉孩子每周只需要运动三次。

2. 制订行动计划,明确实现的方法。

做一件事,首先要教会孩子制订行动计划或方案,然后明确用什么方法。比如妈妈生病了,需要照顾妈妈。

行动计划:帮妈妈找药。

方法步骤:按照妈妈说的从药箱里找药,妈妈确认没问题后,再给妈妈拿瓶水以便吃药。

3. 学会坚持执行,不要回避困难。

孩子在行动过程中,遇到困难会逃避或放弃,这是很正常的。这个时候需要爸爸妈妈观察了解孩子的困难,并给予及时的支持和引导,直到孩子达成行动小目标,体验到了行动完成带来的成就感,这样,他才有继续开启下一个行动的兴趣和动力。

除此之外,培养孩子爱的行动力还需要做到以下四点:

1. 尊重,把爱变成孩子的动力。尊重孩子,说起来简单,但做起来并不容易。我们用各种方式的爱想要避免孩子试错、走弯路。殊不知,这是不尊重,也是剥夺。生命是一场体验之旅,很多礼物只有孩子躬身其中才能获得,否则纸上得来终觉浅。尊重孩子,尊重他平凡但独一无二,尊重他鱼跃大海或鲲鹏展翅,尊重孩子,把他的人生还给他自己。

2. 倾听,用耐心保持连接。淇淇小时候是个"小话痨",淘淘是"十万个为什么",果果也是我们家的"话蛮多",这就很考验我们大人的倾听耐心了。语言是孩子早慧的重要标志,对于孩子来说,不论话多还是语迟,父母的倾听都显得尤为重要。孩子在和你说话时,你是敷衍,还是耐心专注地倾听,他收到的不止谈话信息,更有你回应背后的感受。孩子更愿意亲近对他给予足够关注又耐心倾听他的世界的大人。

3. 沟通,用爱作桥梁。昨晚,舅舅在大家庭群发了晚餐照片,果果妹妹的回应:"舅舅,你做的菜看起来太香啦!"她第一时间给予舅舅积极赞美,小家伙情商可见一斑。爸爸妈妈和孩子良好的沟通,是亲子间最佳的爱的桥梁,"爱,就是一起有说不完的废话",不论孩子多大都适用。

4. 帮助,用一颗心温暖另一颗心。孩子搭积木、读绘本、玩滑板、和同学老师相处、学习、升学考试……人生处处是关卡,爸爸妈妈不仅要在,更要懂得及时给予孩子支持和帮助。来自家庭、来自爸爸妈妈的温暖的爱才是孩子战无不胜攻无不克的终极法宝。

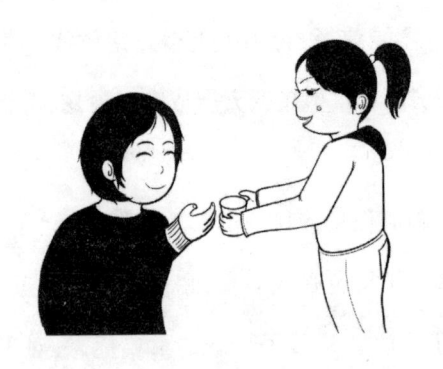

第三节 爱的陪伴:"练"爱才能"会"爱,用高质量陪伴助力孩子成长

一、陪伴孩子,是亲子双向的共同成长

提到亲子陪伴,就想起美国发展心理学家哈洛,他曾经做过一个有名的心理学实验:他把刚出生的小猴子与妈妈分离,给小猴子找了两个替代"母亲"——铁丝妈妈和布料妈妈。铁丝妈妈的胸前挂着奶瓶,布料妈妈没有,虽然当婴猴同铁丝妈妈在一起时能喝到奶,但它们更愿同布料妈妈待在一起。

这个实验被后人诟病其残忍,但也给了我们很多亲子教育的启示:父母对孩子的养育绝非"有奶便是娘"这么简单,更多地体现在陪伴上。父母要尽量避免与孩子长期分离,分离造成的焦虑对孩子安全感乃至心理发展,都会产生深远的消极影响。同时还应多陪孩子玩耍、多做亲子游戏,尽可能地给孩子有质量的亲子陪伴。

怎样在陪伴中"练"爱呢?

1."练"爱的安全感

"孩子哭了,怎么办?"抱起来哄,还是由着孩子哭?

"不抱,让他哭!"这是20世纪初期美国心理学家、行为主义心理学创始人约翰·华生提出的"哭了不抱,不哭才抱"的哭声免疫育儿法。该方法当时被很多人誉为"科学"的育儿方法,曾经风靡一时,但在实际应用中,却一次次以令人心痛的结果证明了它的不可取,华生自己就是受害者。据说,华生的大儿子30多岁时自杀身亡,另外一个儿子一直流浪,女儿也曾经多次自杀,一直延续到他的第三代子孙。

事实是,孩子在0~3岁,父母养育最重要的课题就是建立有安全感的亲子依恋。只有在爸爸妈妈爱的陪伴下,孩子才会有安全感,也才会更加健康自信地成长。

2."练"爱的责任感

幼儿园每个班级都有个"自然角",有的班级会在自然角放孩子们养的小动物,有的会放花草绿植。从选择养它们开始,孩子们就担负起了小小"家长"的责任。给花草浇水、给小金鱼换水、为小乌龟喂食、清洁鱼缸或宠物笼子……看着这些被爷爷奶奶、爸爸妈妈照顾得"四体不勤"的小家伙们，照顾动植物时却有模有样，我无比欣慰。想要一个有责任、有担当的孩子，就得学会放手让孩子自己参与并承担一些东西。

3."练"爱的幸福感

幸福似乎看不见摸不着，只藏在生活的点点滴滴中。爸爸妈妈有意识地"练"就孩子的幸福感，这样孩子不仅能够感知到幸福，从小幸福满满，而且即使面对未来的风雨困阻，孩子仍然会乐观积极，这样的孩子更容易获得幸福快乐。

前段时间，武汉42度高温，淇淇在外地参加社会实践活动回来，妈妈做了美味的烤肉，并准备好冰西瓜等着他，孩子一进门就对着香喷喷的晚餐赞叹："妈妈，你怎么知道我这会儿最想吃烤肉呢，太幸福了！""因为你是妈妈的孩子呀，我当然懂你啦！"

其实，我也是妈妈的孩子，直到现在回家，妈妈都会提前上街买好食材，做我最爱吃但平时吃不到的米豆腐，这些小幸福，代代传承，这些爱都藏在父母用心的日常里。

下面这些情况家长要格外注意了，它们可能是孩子发出的求陪伴的信号。

妈妈上班时，果果在家特别乖巧，只要妈妈下班回家，她动不动就生气、闹情绪，像个小树袋熊，双臂紧紧扣在妈妈脖子上，又缠人又黏人,时不时求抱抱要亲亲,还非得妈妈看着自己说话,妈妈在与不在家,果果简直判若两人。很多爸爸妈妈可能也会遇到同款孩子,尤其上班、出差回来时。这其实不是孩子不听话、矫情,而是她想要爸爸妈妈多陪陪自己,孩子只不过是想用这样的行为来表达自己而已。

还有一种情况,孩子长大了一些,表现恰恰相反。他们看上去对这个家和爸爸妈妈都有些疏离和漠不关心,在大家族的亲缘关系上表现也很冷淡,即使放学或假期在家,也常常把自己关进房间,门上挂着"非请莫入"的牌子,一副不许靠近的样子。

如果你的孩子胆小害怕,性格要么叛逆乖张,要么自卑讨好,不喜欢或抵触与别人交流,什么事都默默一个人自己扛,不想给人添麻烦,其实这也是孩子希望得到优质陪伴的信号。

父母该如何高质量陪伴孩子呢?

亲子旅行。孩子有着天然的好奇心,他们喜欢探究,旅行可以满足孩子的好奇心和探究欲,亲子旅行是一种高质量陪伴孩子的非常好的方式。

从楼下小花园到周末周边游,再到后来的跟着课本去旅行,我们带着淇淇走了很多地方,一路的插曲和故事都是满满的美好回忆。

记得有一年暑假西安之旅中,我们和孩子一起商量做攻略,人文风景、美食演出——游览体验,即使顶着烈日酷暑,淇淇也从不叫苦喊累,小小男子汉不仅能吃苦,还处处不忘照顾爸爸妈妈。即使旅途中有分歧,我们也能通过沟通圆满解决。和孩子一起旅行,出门在外,不止有风景,还有亲子之爱,会收获很多意外惊喜。

亲子电影。周末或小假期,带上孩子来到电影院,感受巨幕、4D科技带来的观影体验,也是孩子非常喜欢的。和孩子一起观影,了解他的喜欢,同频他的兴趣,享受和孩子一起看电影的快乐,悄然拉近了亲子距离:一起商量观影计划、讨论故事情节、发表各自的观影感受,这些都会让孩子感受到爸爸妈妈全身心的陪伴。走进孩子的世界,孩子才会对你敞开心扉,才会有聊不完的亲子话题。

亲子美食DIY。只要对生活充满热爱,日子可以花样百出,陪伴也会变得很有趣。做包子、包饺子、做点心,一家人都可以乐在其中。初夏槐花开,空气都是香甜的,我们采了一些回来,听说过但没做过槐花美食,怎么办呢?亲子一起上网找"度娘",顿时眼界大开,烹炸煎煮花样百出的吃法都有,最后结合家里现有的食材工具,我们决定做个槐花糯米粑粑。合计合计,我们决定"度娘"加创意,亲子分工配合完美,费了九牛二虎之力,终于做好了既有颜值又美味的槐花粑粑。因为是自己动手,所以感觉格外香甜。在这一过程中,我们不仅收获了美食,还收获了亲子合作的成就感和幸福感。

积极回应。优质的亲子陪伴,非常重要的一点就是积极回应,避免人在心不在，身在神不在的敷衍陪伴。

有一次在武汉的江汉路步行街上，看到一位时髦而精致的妈妈，她正用防走丢的手绳牵着孩子边"遛娃"边逛街。妈妈的目光在扫射一个个精致的门店，而后面被牵着的可爱的小宝贝，则用十分好奇的眼神看着熙熙攘攘的人群（也许只能看到腿吧）。看到辣妈这样"遛娃"，有点感慨：这样的遛娃，真心不敢认同她是在陪伴孩子，就连基本的交流都很难，更何况回应。

得到父母积极回应的孩子，他感受到了足够的爱与关注，收到的信号是：我在爸爸妈妈眼中很重要！孩子的价值感、自尊感被看见和呵护到了，这样的陪伴才是孩子期待的陪伴。

成长型陪伴。随着时间的流逝，孩子和父母沟通越来越少了，或者说着说着不耐烦，不欢而散，下次沟通更少了。为什么呢？很多来访父母反映，孩子不听话了，叛逆了。其实，是父母的教育方式没能和孩子的成长阶段相匹配。不同年龄段孩子的身心发展规律、孩子的需求和期待，都是不同的。很多父母仅凭自己过往的成长经验或别人家教育孩子的经验去教育孩子，结果弄巧成拙，孩子和父母渐行渐远。

只有做成长型父母，给予孩子内心需要的陪伴，才是高质量陪伴的最优解。随着孩子慢慢长大，他需要更多的陪伴和引导。如果爸爸妈妈与时俱进不断成长，做孩子的教练和导师：了解孩子的困扰和喜乐,给予独特的见解和分析,在学业上支持,在交往上指导,在未来规划上支持和引导,那么这样的亲子陪伴,孩子会很乐意分享自己成长路上的每一个快乐与烦恼,最终亲子无间共向未来。

二、困在"忙"里的家长,如何给孩子高质量陪伴

据统计,中国家庭亲子陪伴的主要阻碍,排名第一的就是工作,高达43%,第二则是经济条件,为18.3%。虽然年轻父母大多忙于工作事业,但也逐渐意识到陪伴孩子才是人生最大的事业,那该如何一手"搬砖",一手陪娃呢?

1. 抓好三个时间段

时间挤一挤总是有的,抓好三个重要时间段,让孩子感受到爸爸妈妈的爱,我们的陪伴不缺席。

起床出门前。起床了,给孩子一个早安拥抱,和孩子一起刷牙、洗漱,和孩子一起选好穿戴衣物,带上上学所需……美好的一天,从爸爸妈妈温馨的爱开始。

下班至晚饭期间。辛苦一天下班回家啦,给家人孩子一个大大的拥抱。妈妈准备美味晚餐,爸爸陪孩子做游戏或学习,家人围坐在一起共进晚餐,餐后大人孩子一起收拾整理厨房。

睡前陪伴。孩子洗漱上床,睡前可以进行十分钟的亲子故事或阅读活动,大一点的孩子可以和爸爸妈妈聊聊天,说说心里话或一天的开心或烦恼,之后父母亲亲抱抱宝贝,甜美入梦。平淡而温馨的一天过去了,虽然忙碌,但不缺席孩子的爱和陪伴。

2. 定期保持固定通话

很多家庭的孩子,爸爸或妈妈因为工作原因,未能一家人生活在一起,很多家长问:"园长妈妈,我们在外地工作,做不到每天在身边陪伴孩子,怎么办?"

我们都知道"天涯咫尺",如果确实因为客观原因和孩子的空间距离不可避免,也没关系,"缩短"爱的距离才是陪伴的关键。

定期保持固定通话,语音、视频都可以,通话不用很久,一刻钟左右足够。通话时爸爸妈妈可以和孩子玩些小游戏,比如猜谜语、脑筋急转弯、讲个小故事、说个小笑话;也可以用心倾听孩子的今日见闻和喜乐烦恼,了解孩子的变化和成长,及时给予支持和鼓励。

3. 一封家书

我也应该算留守儿童。记得上初中时,父母在外工作,我和妹妹在家自己生活、学习。父亲用一页白纸写上"自尊、自律、自立、自强"八个遒劲的隶体钢笔字,折好后摆放在房间五斗柜上,那时候似乎也读懂了父母的良苦用心,我和妹妹品学兼优,阳光自信。

留言条、便利贴、书信,也是我们和淇淇保持良好亲子关系的沟通方式:出差前给熟睡的孩子留下爱的叮咛,考试孩子低落时给孩子一段爱的鼓励。写给淇淇最长的一封家书,足足有四五页信纸,是在他初二有早恋苗头时写的,好在通过倾心的书信引导,淇淇顺利度过了少男少女情窦初开的花季。

4. 在家里做一个照片墙

高质量陪伴孩子,可以记录下孩子每个成长的精彩瞬间,并把它们做成照片墙,这样不仅让家更温馨,孩子还能感受到成长陪伴的仪式感。每每一家人一起重温旧时光,都是一次很好的爱的升温,尤其在亲子关系、亲密关系里,回忆美好是经营爱的关系的良方。

三、父母高质量的陪伴才是孩子放下手机的良药

网课后,我陪果果一起玩专注力小纸牌游戏,玩了三次,机灵的

小果果大获全胜,陪她游戏过程中一屋子的欢声笑语。

每次下网课,果果都会打开核桃编程小游戏,虽然是学校推荐的游戏,但长时间使用电子产品对孩子没好处。今天我在,果果自觉没玩小游戏,真棒。

不论大孩子还是小孩子,"趋利避害"是本性,游戏不仅会给人带来新鲜感,还有过关带来的成就感和价值感。如果父母给孩子的是没完没了的唠叨、学习和考试,孩子感受到的就是压力和烦恼,那么他们自然会远离父母跑向手机或游戏。而一味禁止孩子玩手机有用吗?心理学中有个"禁果效应",父母越禁止的东西,越会引起孩子的好奇心和探求欲。

管理孩子使用电子产品,给你三个建议。

1. 年龄不同,管理有别

1~3岁尽量不让孩子接触手机等电子产品。作为园长妈妈,每天清晨我都会第一时间上岗微笑接园,上小班的宁宁妈妈一手拎着书包,一手捧着iPad,把我拉到一边轻声说:"园长妈妈,快帮我做做工作吧!宁宁非要把平板带来幼儿园,不让玩平板晚上就不睡觉,早上也起不来!"后来沟通才知道,宁宁家是开酒店的,父母忙起来就塞个平板让孩子看动画,久而久之,孩子便上瘾了。

3~6岁尽量不让孩子接触手机游戏。教育部明确"中小学生不得带手机入校",但随着智能化时代的到来,孩子不可避免地会接触到手机。家长们可做青少年保护模式设置,幼儿年龄段,尽量避免孩子玩手游,不要高估孩子的自觉和自律,这个年龄段的孩子对手游没有自制力。

对于7~12岁的孩子玩手机的问题,不要强势打压。孩子上小学了,电子产品或游戏是很多孩子交流沟通的话题入口,就像我们小时候到学校和同学聊前一天晚上看的《西游记》一样,这是一种同伴交流,也是一种融入。家长应该理性看待和有效管理孩子对于电子产品的使用,不可一刀切谈虎色变,更不可强势打压和禁止。

2. 父母以身作则

孩子最主要的学习方式是模仿。一个拿着手机刷小视频的爸爸,指望带出认真学习的儿子,不合逻辑,也不现实。身教言传,我们先做到以身作则。孩子学习时间,爸爸妈妈可以安静阅读陪伴。和孩子共同制订上网规则,删掉不必要的手机App,收获一个自律的自己的同时,也给孩子做一个好榜样。

3. 适度满足孩子的上网需求

用接纳心态看待当下电子产品的广泛使用,适度满足孩子。父母应该做到适度放手和监管,让孩子逐渐学会自己管理自己,毕竟"疏胜于堵"。每年大学生中因为电子游戏影响毕业的孩子不少,睿智的爸爸妈妈们可适度满足,避免孩子在没有父母老师监督时,报复性放飞自我,这样代价反而更大。

第四节 爱的边界:界限感,是孩子心理成长的关键

一、亲子关系也需要边界感

接待来访者九年级小林同学的父母,他们既苦恼又焦虑。原本学习不错的小林,现在不仅学习在退步,还时不时在家出现一些异常状况:写作业写着写着就傻笑;有时洗完澡赤身裸体地从浴室跑到房间……随着咨询深入得知,小林父母对孩子都很强势,买衣服鞋子必须听妈妈的,选学校、报班更是统统安排好,他们"事无巨细"地包揽了小林的学习、生活。不论是孩子生活,还是学习,父母手伸太长,亲子关系边界感缺失,就会导致出现一系列问题。

心理学家海灵格指出:每个家庭成员都要扮演好自己的角色,

角色错位,家庭就可能会有危机。这里的角色错位包括父母随意侵入孩子的界限内,对孩子的身体、生活、学习、情感等横加干涉。

建设有边界感的亲子关系请这样做:

1. 懂得适时退出

龙应台老师曾说过:"所谓父女母子一场,只不过意味着,你和他的缘分就是今生今世不断地在目送他的背影渐行渐远,而他用背影告诉你,不必追。"建设有边界感的亲子关系,懂得适时退出,这一点非常关键。给孩子足够的尊重,并相信孩子,让孩子自己去体验、去承担,拒绝为孩子大包大揽,拒绝做直升机父母。没有边界的"爱",往往是在"害"孩子。

2. 懂得让爱有所保留

如果说适时退出是让我们学会做个"懒妈妈",那么对孩子的爱有所保留,是让我们学会做个"自私妈妈"。智慧的父母会丰富自己的生活,寻找自己的价值,给自己留足够的空间,把自己活得充实而精彩。比如让我非常敬佩的马斯克妈妈,单身带三个孩子,依然修了两个硕士学位,做营养师做模特,90岁依然光芒四射。

相反地,我们身边有很多爸爸妈妈,孩子是全世界,牺牲自己的工作事业、兴趣爱好、社交友情。当所有的聚焦都在孩子身上时,我们忘了爱太近会灼伤彼此,爱需要有所保留,孩子有属于他的人生,我们也该有自己的丰盈,好的亲子关系往往都是榜样和影响而来,而非牺牲。

二、孩子不好,多半是因为父母缺少边界感

没有界限感的亲子关系,到底会对孩子产生怎样的伤害呢?

1. 让孩子变成巨婴。18岁的小王,大学暑假在家,爸爸妈妈忙于上班,他一个人宁愿挨饿也不做饭,晚上辛苦工作一天的妈妈回来,还被小王抱怨:"回来这么晚,我都快饿死了!"家务劳动一概不插手,待人接物礼数无知,父母也只好摇头叹息,都怪自己以前只抓孩子成绩和考试,导致孩子现在除了学习什么都不会。

边界感缺失的父母,看似无微不至地照顾了孩子,实则剥夺了孩子锻炼成长的机会。

我这样的"弱妈妈"对淇淇暑假提出两个要求:第一,不许点外卖;第二,学习做饭为妈妈分担家务。淇淇暑假在家,学会了番茄炒鸡蛋、清炒茄子等家常菜。学会做饭,让淇淇很有成就感。

2. 让孩子发展成讨好型人格。我们都不希望自己的孩子,不论是在幼儿园、学校和小伙伴一起,还是以后长大了进入职场,人前唯唯诺诺,讨好取悦他人。但正是我们作为父母缺少边界感,一次次剥夺了孩子的自主权和选择权,才让孩子养成了处处服从、忍让、退避、讨好的性格。

三、掀被子上热搜，缺乏边界感的父母养不出幸福的孩子

某大学女生寒假在家睡懒觉，被父亲掀被子催起床，这一新闻曾上热搜。"女大避父"，这一掀掀开的不只是被子，还有女孩的隐私，这样的行为实在让人唏嘘。

很多亲子关系的悲哀，只因家里有个强势的爸爸或妈妈。没有边界感的家庭，一直都在上演控制与逃离的大戏，只是青春期表现得更为明显和激烈而已。小明说："我考来千里之外的武汉，不为别的，只为远离我爸妈。"不知道父母听到自己含辛茹苦倾注所有心血培养的孩子，长大后只为了逃离，会做何感想？

优秀父母，请帮孩子建立边界意识：

1. 帮孩子建立物权意识。孩子在 2~3 岁就有自我意识了，这个阶段帮孩子建立物权意识很重要。"我的小熊""我的小碗"，教孩子分清楚哪些是属于自己的物品,告诉孩子只有自己的东西才有权自己处置,不是自己的就需要经过别人的同意。很多二宝、三宝家庭父母做得很好,"哥哥,这个公仔是你三岁生日时妈妈送你的礼物,它属于你,至于是否送给弟弟妹妹,你自己决定。"

当孩子逐渐明确哪些是自己的东西,哪些事情自己可以做主时,孩子就会逐渐建立边界意识。

2. 与孩子亲密要适度。著名诗人纪伯伦就曾写过一篇著名诗歌——《你的儿女其实不是你的》,其中写道:

"你的儿女,其实不是你的儿女。

他们是生命对于自身渴望而诞生的孩子。

他们借助你来到这世界,却非因你而来。

他们在你身旁,却并不属于你。"

虽然孩子是妈妈身上掉下的心头肉,但凡事不可越位。首先,父母要建立起男女有别的意识。"女大避父,儿大避母",这一原则关乎孩子与异性相处,影响他日后亲密关系的建立,甚至性取向。其次,亲密有度在于不要过多介入孩子,给予孩子自主成长的机会,让孩子做自己。

3. 询问孩子的意见。孩子要上幼儿园了,莉莉妈妈有点犯难,是上离家近的小区幼儿园,还是附近的贵族幼儿园,不知道如何选择。爸爸妈妈商量了半天,也没能拿个好决策出来,最后决定来个家庭小会议。

爸爸:选贵族幼儿园。孩子教育可是家庭头等大事,必须给孩子选个好的,打听到贵族幼儿园环境好,听说还是国际双语教育。

妈妈:向小区妈妈们了解到,小区幼儿园的老师很不错,不仅有爱心,还非常体贴。幼儿园很多都是小区熟悉的小朋友,有同伴适应也快,而且以后雨天、雪天接送也很方便。

莉莉:我想选一个开心的幼儿园!

最后,爸爸妈妈决定带着莉莉对两个幼儿园分别做一个入园访问,再结合环境和教育理念做个综合权衡。

我想,不论最后做了哪种选择,爸爸妈妈尊重并聆听了孩子的想法,孩子上幼儿园,孩子自己参与讨论、访问考察,他明白"上幼儿园是自己的事",相信在后续入园适应乃至幼儿园生活方面,孩子都会有不错的表现。

爱的练习：10 个提升爱商的小技巧

用爱的目光注视孩子。

用爱的微笑面对孩子。

用爱的心情倾听孩子。

用爱的眼睛发现孩子。

用爱的渴望调动孩子。

用爱的细节感染孩子。

用爱的语言鼓励孩子。

用爱的管教约束孩子。

用爱的胸怀包容孩子。

把爱的机会还给孩子。

第三章

激活自我意识

很多家长都很苦恼,为啥孩子越长大学习越不主动,写作业得盯着,学习得陪着,一不小心就河东狮吼鸡飞狗跳,养个娃真是身心俱疲。

怎样才能让孩子自发加入学习的志愿军,而非被动成为父母雇佣军中的一员呢?结合哈佛大学加德纳博士的多元智能,爸爸妈妈们培养孩子学习主动力,可以从孩子自我认知智能、人际交往智能和抗挫力三方面来着手。

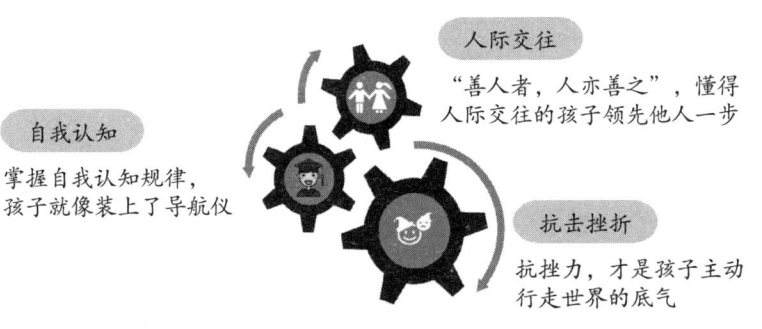

人际交往
"善人者,人亦善之",懂得人际交往的孩子领先他人一步

自我认知
掌握自我认知规律,孩子就像装上了导航仪

抗击挫折
抗挫力,才是孩子主动行走世界的底气

第一节 自我认知：掌握自我认知规律，孩子就像装上导航仪

自我认知又称自省智能，是多元智能之第七大智能，是关于人的内心世界的认知。在加德纳的《再建多元智能》中这样描述：内省智能是一个人清楚地了解自己，有效地处理自己的欲望、恐惧，并且有意义地运用这些信息去调适自己生活的能力。

众多心理学、教育学专家们又在此基础上提出自省智能包含自主、自信、自律、独处、反思、自我管理等能力。

一、不盯就不学，孩子变自主只需抓好这三点

一个冬天的早晨，外面下着雪，爸爸准备送淇淇上学。淇淇从起床就磨磨蹭蹭，衣服鞋子换来换去，眼看着磨掉了早餐时间，于是催了他两句，没想到他的小情绪立马爆发了："这么冷的天，我还得给你们去上学！"听到他说这句话，我们惊讶得哭笑不得，但我们明白，这就是孩子内心真实的想法。那天晚上，我们就这事儿开了个家庭小会，记忆中是个和谐、民主而有共识的小会。

要孩子自主学习，不用爸爸妈妈盯着，其实也不难。做到下面三点，还你一个自主自觉的孩子。

第一，培养好孩子的学习动机。

"知之者不如好之者,好之者不如乐之者",好学和乐学是孩子通往孜孜求学之路的不二法门。

前面我们已分享过,培养孩子学习动机,关键在于激发孩子的求知欲。对世界充满好奇和探究欲望,是每个孩子与生俱来的本能,作为父母,我们呵护好保护好它们很重要。对于爱问为什么的孩子,我们更要多一点耐心,不厌其烦地解答或陪孩子一起寻求答案。

孩子的学习动机还与他从学习中获得的快乐或成就感有关。作为父母,我们可以结合学习金字塔原理,让孩子将所学用于日常,或者让他当小老师,这两种方式都可以让孩子收获成就感。比如孩子学习了"认识时钟",就可以让他自己尝试做一个作息时间表,这样孩子不仅可以体会到知识在实际生活中的应用,而且可以培养自己的时间观念。

第二,提升孩子的行动力。

家里有个磨蹭大王,对妈妈的耐心和脾气真是个考验。

你们家的"蜗牛宝宝"是不是常常把"再等等"挂在嘴边?做事拖拖拉拉?时间观念不强?想起一出是一出?写个作业一会儿要上厕所一会儿要喝水……

我们家淇淇,就是这样一枚"蜗牛宝宝"。

后来才知道这不怪孩子,从动机心理学相关理论来看,淇淇属于求知动机强烈的孩子,他的优势在于有好奇心和探究欲,善于思考和提问,这类孩子想得多做得少,行动力比较弱是他们的挑战。

每个动机需求都有优缺点,我们不能指望每个有想法、深度思考的孩子行动力也很强。以前我不懂,不免会对孩子生比较和责备之心,后来才明白,孩子的动机需求有所不同,孩子拥有的优点背后,难免会有短板,而劣势的背后,也说不准藏着一个优点。

既然懂得了行动力背后的逻辑,就不用担心咯。能力是可以通过训练提升的,同时能力也是可以迁移的,提升孩子行动力,让我们从和孩子一起做周末活动计划表开始吧!

物料采购:一起写采购清单、几点去采购等;

时间日程表:几点起床洗漱、车程时间安排、活动安排、午餐安排、返程安排等;

结束返回:收拾整理、家庭小会、日记等。

这样的活动可以是自己一个家庭出游,也可以约上同伴,几个家庭一起。同样地,寒假暑假计划也可以照葫芦画瓢来制订。当孩子感受到在活动过程中,很多环节都由他来做安排,行动力自然而然就培养起来了。

第三,弄清孩子的"学习管道",学习将事半功倍。

由于大脑的各脑区发达程度不同,决定了每个人的优势学习管道也会有所不同,每种学习管道又各有其优势和劣势,只有知道了孩子的学习管道,在此基础上发挥他的优势,学习才能事半功倍。经研究得知,孩子的学习管道主要分为三种:听觉型、动觉型和视觉型。

听觉型孩子:他们喜欢听声音,喜欢听赞美的话,也爱说话,喜欢通过大声朗读来记忆,可通过听书、听演讲、听录音等来增强学习效果。同时,正因为这类孩子对声音信息的专注力较强,所以应该尽量避免周围嘈杂声音的干扰,给孩子一个安静的学习环境。

动觉型孩子:你家孩子是否爱动来动去,伸手到处摸,像小猴子一样坐不住？如果是,那他可能就是动觉型孩子。动觉型孩子的优势在于通过触觉、操作等身体记忆来学习,喜欢通过实际操作、亲身体验等方式来学习。由于好动,这类孩子读书或静态学习时不容易静心专注,需要经常休息。

视觉型孩子:这类孩子很容易被移动的人或物吸引,他们惯用眼睛学习,喜欢观察,专注力很好,学习时可以多用图片、视频资料、闪卡等,比如可以让他们阅读自己比较喜欢的绘本或带插图的书,进而培养良好的阅读习惯。同时,鼓励孩子将文字图像化,比如学习一首古诗,不用一个字一个字死记硬背,引导孩子将古诗在大脑中图像化,变成一幅画,这样他可能读三遍就背会了。

二、孩子唱反调说"不",是在自主成长

聪明的父母,应学会在孩子开始说"不"的时候示弱,这是一种尊重。

不论是在两岁时的执拗期还是青春期，孩子都有一个共同点，那就是内在自我总在说"不"。给我们父母的感受是，这孩子变了，不听话、不好管了。

两岁的淇淇也是这样让人哭笑不得：

"淇淇，帮妈妈搬个小凳子过来。"

"不，自己的事情自己干！"

孩子唱反调不一定是坏事。

曾经有专家做过研究，把2~5岁的幼儿分成两组：一组反抗性强，一组反抗性弱。追踪研究后发现：反抗性较强的一组中，80%的孩子长大后独立判断能力较强；而反抗性较弱的一组中，绝大多数孩子的独立判断能力都较弱。

我常常对家长说，青出于蓝而胜于蓝，就是从孩子敢于和你说"不"开始的。

如何应对孩子说"不"呢？

1. 接纳孩子说"不"背后的情绪

平时淇淇是个小勤快，看见妈妈择菜会主动给妈妈搬来小凳子，那天怎么就一口回绝说"不"了呢？

原来当时小家伙在专注地搭积木，拼搭半天都倒腾不出自己想要的高高的塔楼，玩积木的挫败感刚好撞上了妈妈的请求，小家伙情绪爆发，就不愿意了。

不论孩子多大,看见并接纳孩子语言、行为背后的情绪都非常重要。

怎么做呢?

"淇淇,你刚才拼积木不开心了?是不是你的高楼需要几块插片积木你没找到,还是你的力气太小拼插不上去了呀?"

"哼,不玩这个臭积木了,一点也不好玩!"

"哦?这可是你最宝贝的积木呀!妈妈跟你一起想想办法,看看它们躲到哪儿去了?"

然后我陪着孩子找到了对应的插片,引导他在进行插片拼接时要学会用巧劲儿,我们一起搭好了高高的塔楼,孩子也开心了。

2. 尊重孩子的成长

不论是在执拗期,还是在青春期,当孩子说"不"时,我们要努力去理解。这也是在孩子自我意识发展过程中,作为父母我们应该给予的尊重和支持。

淇淇一两岁就能拿筷子吃饭,并且对用筷子吃饭饶有兴致,可爸爸总担心孩子吃不饱,总爱哄着想多喂几口。

"宝贝,来,爸爸喂你吃。"

"不,我会自己吃饭!"

无论孩子年龄大小,只要拒绝有理,我们都应该尊重孩子,反思自己。

三、三招养出自信娃

如果你的孩子有下面这些表现,那么孩子可能缺乏自信。

日常生活中:

孩子胆小,不敢尝试新事物。比如去公园散步遇到一只没见过的虫子,即使爸爸妈妈告诉他,这个虫子不咬人没危险,他也会害怕得躲在爸爸妈妈身后。

质疑自己的能力。不论是搭积木、玩游戏、画画,还是学习,他都觉得自己做不好,或者没有同桌小朋友那么厉害。

遇事易退缩。不论是和小朋友玩游戏,还是竞选班干部,孩子都会退缩,不敢站出来。

依恋父母、老师。很多父母以为孩子黏着自己是亲子关系好,其实不然。孩子两三岁就开始有社会交往的需求,但有的孩子不论是和小朋友玩游戏,还是分床睡,抑或是在幼儿园生活都表现得非常依恋父母、老师。

课堂学习中：

怯弱。不爱举手发言，只要老师提问，就低下头避开老师搜寻的目光，生怕被老师点到提问。

不信任自己。不论是平时学习，还是面对各种考试，总觉得自己不行，肯定做不到别人那么优秀。

拒绝挑战。他们像缩回壳的小乌龟，从不主动挑战。

如何培养孩子的自信心呢？

1. 运动和睡眠是生理基础

要想孩子自信，先要做好基础工作，运动和睡眠是生理基础。

科学合理的运动，首先能磨炼孩子的意志力，其次能让孩子活力满满，情绪上扬。在咨询中我们发现，情绪低落、不自信的来访者通过运动可以获得不同程度的改善。同时，孩子的睡眠也要有保证，尤其孩子正处于长身体的阶段，睡好才有好精神。

2. 不论输赢成败，看到并肯定孩子的努力

一次考试，一场比赛，一次表演，不论是取得了好成绩，还是落选淘汰，父母的第一反应不应该体现在情绪上，而应该接纳孩子的成败结果。成功了，皆大欢喜，继续保持；失败了，更要照顾孩子的心理。面对努力后的失败，孩子会非常难受。如果此时父母不仅不

理解,反而指责、唠叨,甚至打骂孩子,那么孩子只会更自卑自责。

淇淇美术联考后拿到了清华大学预录通知书,但我们全家没有半句宣扬,而是和孩子一起默默努力继续备战文化考试。文化课分数查询结果出来时,18岁的淇淇号啕大哭,"妈妈,我失败了!"孩子哭,我也心疼得泪如雨下:"没关系,虽然差那么一小步,但你已经很努力了,已经很棒了!"

人生路长,孩子努力了,就是最棒的。

3. 拿掉负面标签,让孩子告别"我不行"

作为园长妈妈,十几年如一日,每个清晨我都会迎接孩子们入园。一声声问早问好,一个个微笑的脸庞,老师的幸福莫过如此。那时候,我一直比较关注家庭亲子关系,接园让我多了一个了解家长和孩子的机会。观察发现,父母整体素质都很高,都很注重孩子教育,这些特别令人欣慰,但也有走向另一个极端的家长。

他们是对孩子期待高、要求高、标准高的"三高"父母,比如我们中班的星星小朋友,聪明、可爱又温和,在我们老师眼里,星星是个很优秀的孩子,但妈妈从来没有给过孩子正面肯定,给孩子的全都是负面评价:"笨""慢""懒"……久而久之,孩子越来越自卑,越来越孤僻。

主班老师反馈过来,我主动跟妈妈约谈沟通。通过沟通,我了解到她对孩子其实并非全盘否定,而是她自己几十年的行为模式如此,习惯用挑剔的眼光待人接物。经过一番深入沟通后,她答应试着用积极正面的教育方式对待孩子,后来孩子开朗自信了不少。

四、引导孩子从失败中自省而非自卑,家长可以这样做

孩子犯错了、失败了、退步了,第一反应我们都会有情绪,怎么就不能像别人家孩子那样优秀呢?瞧瞧,比较心又跑出来了。但凡父母比较心第一,孩子的自卑心必然生出来,孩子的感受是:"我不重要,在爸爸妈妈眼里,成绩比我重要。我不优秀我很笨,我没有隔壁小明厉害。"

加德纳教授提出的八大多元智能包含自省智能,它是一种认识、洞察和反省自身的能力。再具体一点,它是一种孩子能够正确认识和评价自身的情绪、动机、欲望、个性,并能够控制自己,形成自尊、自律和自制的能力。

心理学家认为,自省智能作为自我认知的钥匙,与人际智能一起被称为"人格智能",是所有智能中最难观察的,同时也是在社会领域获得成功的重要因素。具有自省能力的孩子,他会积极进行自我判断,调整自己的行为,会更加理性,做出更加正确的选择。因此,要想让孩子变得优秀,让他学会自省很关键。

如何培养孩子的自省智能呢?

1. 先帮孩子处理情绪,再梳理解决问题的思路

孩子的成长发展是一场探究和体验之旅,既然是探究,那就免

不了会有"坏事"发生。如何面对它们,如何从每件"坏事"中拿到有利于成长的"礼物",这才是最重要的。

淇淇拼搭积木,可能因为没有找到匹配的积木,可能因为小手肌肉力量不够,又或者积木数量不够多,这些因素对于专注搭积木的孩子来说,都可能引发失败。孩子在这样的场景中,很容易产生沮丧、挫败、生气、难过等情绪。这时候,妈妈请求他帮忙搬凳子,可想而知,他理所当然就朝着妈妈发脾气了。

每每孩子有情绪,妈妈都要努力看见,并引导孩子觉察到自己的情绪,然后给予共情理解和支持。可以问孩子:"宝宝,你的积木没有拼好,这让你很生气,是吗?"孩子点点头,这样他便觉察到了自己的情绪。然后你可以给孩子一个拥抱,孩子会感受到妈妈的爱和关心,这样孩子的情绪便得到了平复。最后可以引导孩子和自己一起找方法:若是积木插片不匹配,那就引导孩子寻找形状匹配的规律;如果是小手肌肉力量不够,那么可以试着找一个更省力的方法;如果自己很努力了,还是不行,那就告诉孩子可以搬救兵向别人求助,然后一起搭一个高高的塔楼,这样,孩子会特别开心且非常有成就感。若孩子在游戏、学习、生活中遇到困难能学会自省,能理性面对,积极总结经验方法,那么孩子下次遇到类似问题时,他就有经验处理了。同时他也明白了,原来生气、发脾气没有用,自己可以通过想办法或者求助他人等来解决问题,这样的经历多了,孩子会更有信心迎接新的难题和挑战。

2. 引导孩子客观地进行自我评价

"人贵自知",但孩子往往很容易在成功面前高估自己,而在失败面前又全盘否定自己,要么骄兵必败,要么一蹶不振,这两种情况都是不可取的。引导孩子对自己进行客观的自我评价,对于提升孩子自省能力非常重要。

首先,父母要做到去标签化的语言评价。"我们家孩子做事就是笨手笨脚""哎,我们家孩子天生胆小""我怎么养出你这么个笨蛋,你这成绩以后只能去扫大街了"……这样的评价,会给孩子带来非常大的伤害和影响。我们应该站在孩子的思维认知、理解能力等角度正确评价孩子,童年父母贴的标签很可能是孩子一辈子的封印。

其次,用"淘宝"的眼光看孩子。有教育专家曾说:"你能发现孩子身上十个优点,你是个优秀的父母;你能发现孩子身上五个优点,你是个合格的父母;你发现不了孩子身上的任何优点,你是个不合格的父母。"这一点我在孩子夏令营活动中有深切的感受。现在我们还经常玩这个找优点的游戏,一家人互相写对方的 20 个优点,时常停下来去感受和欣赏家人的优点,练就了一双找别人优点的慧眼。这个游戏不仅可以使亲子关系、家庭关系更加融洽,而且也非常有益于我们和他人的相处。

点燃内驱力：如何让孩子自觉又主动

《高能量姿势》一书中说：那些过于自省的孩子，将永远怀疑自己的能力。

凡事过犹不及。有一类孩子，凡事都自我消极归因，这样的孩子敏感、自卑，特别在意他人的评价和看法，有明显的内耗倾向，很难获得轻松和快乐。

如何防止孩子过度自省呢？

1. 把握自省边界

我们带着淘宝、果果去游乐场，在玩钓小鱼的游戏时，淘宝哥哥很厉害，没一会儿就钓到了三条小金鱼，果果妹妹一条也没钓到。看到哥哥大丰收，果果更着急了，小情绪也上来了，气呼呼地说："我怎么这么笨，一条也钓不到！"妈妈看到她气得都快掉金豆子了，耐心地跟她聊起来。

"你一条鱼也没钓上来，很着急很生气，对吗？"

"哼，哥哥钓鱼那么厉害，我就是个笨蛋！"说完，金豆子再也忍不住掉了下来。

"宝贝，小鱼没钓上来，可不全怪自己哦！你很专注、很认真地握着鱼竿钓了这么久，已经很棒了。会不会是我们选的位置小鱼太少，或者鱼饵没味道了小鱼不爱吃呢？你可以问问哥哥，用什么方法钓那么多鱼呀？"

"好吧，妈妈，那我们让阿姨再给我一些新的鱼饵吧！"

后来,果果终于钓到了两条小金鱼,和哥哥一起愉快地回家了。

当孩子遇到问题或困难时,应该引导孩子积极寻找导致问题出现的原因。心理学家伯纳德·韦纳认为,人们在寻找导致问题出现的原因时,应该从自我能力高低、个人努力程度、任务难易程度、运气、身心状态五个方面来进行,而不是单一责怪自己,把所有失败消极归因于自己。

2. 父母少一点强势控制

曾有研究发现,那些性格极度敏感,容易过度自省的孩子,大都出身于父母强势控制、要求过于严厉的家庭。

明明是个聪明可爱的男孩,爸爸妈妈因为给明明报辅导班争吵了起来。听到他们争吵的声音越来越大,他躲在房间里害怕极了。明明不自觉地自责起来:就是因为我学习不够优秀爸爸妈妈才争吵起来的。

妈妈是公司老总,爸爸在机关当领导,他们在别人眼里精明强干,自己孩子当然也不能差。爸爸妈妈事无巨细地安排着明明的学习和生活。

"妈妈,我想选这双鞋子。"(孩子鼓起勇气表达自己想要的)

"这双这么丑,换那一双!"(妈妈毫不犹豫打击孩子的审美)

"爸爸,我想和小伙伴玩滑板车去。"(想和同伴游戏是每个孩子童年的需要)

"玩什么滑板车,你今天作业都做了吗?上次测验错了好几道题,你忘了?!一天到晚就想着玩!"(强势控制,拒绝请求,同时指责批评让孩子羞耻感、内疚感油然而生)

要想孩子不那么过度自省,这些语言和行为,都是我们父母日常要避免的。武志红老师也说过,过度反省自己,是最可怕的自我攻击。父母不要过于强势要求和控制孩子,给孩子多一点尊重、包容和自主,避免过度自省成为孩子行走人生沉重的包袱。

第二节　人际交往:"善人者,人亦善之", 懂得人际交往的孩子领先他人一步

人际智能是能够有效觉察、体验他人情绪和意图,理解别人并做出适宜反应的能力,一般包含组织能力、协商合作能力、共情力、分析力和人际沟通能力。

一、教孩子成为一个有共情力的人,远离冷漠和孤独

果果是个温暖的小丫头,每次来我们家都很开心。

"姨妈,你做饭很辛苦,我帮你捶捶背吧!"

"哥哥,我自己走,你抱我会很累的!"

"家家(武汉方言,对外婆的称呼),你买这么多菜,我帮你拎一

个吧!"

共情是指能够感同身受他人的痛苦和伤害。共情是情绪的一部分,是情商的一种表现。家庭是培养孩子共情力最重要的场所。

具备共情力会给孩子带来哪些积极影响?

1. 让孩子拥有很好的社交体验

小班的豆豆入园焦虑表现得比较明显,每天来幼儿园都会哭闹一会儿要妈妈。点点小朋友在豆豆哭闹的时候,都会走过来给豆豆一块积木或一个玩具,并安慰他:"豆豆别哭了,放学后妈妈就会来接你了。"豆豆从此和点点成了非常要好的朋友。在共情力的影响下,孩子在幼儿园和小伙伴之间,会有着不错的社交体验。

2. 有共情力的孩子温暖善良

一个初冬,那是很多妈妈为孩子准备好秋裤的季节,我给孩子也买了一套秋衣秋裤。他在卫生间洗完澡后,穿好秋衣,特意喊妈妈:"妈妈,你快来看!"我以为孩子洗澡发生了什么,赶忙跑过去,只见他用小手指着自己的后背领口:"妈妈,我最讨厌秋衣领子上的这个标牌,但这件我舍不得剪掉。"我低头仔细一看,上面除了尺码标注外,还有一句话"我爱妈妈,妈妈爱我",瞬间被小家伙的温暖感动到了。

出门散步,他也会像个绅士一样,一边伸手护着妈妈,一边让妈妈走他的右边,"妈妈,路上车子多,有的人说不定还喝酒了,你走里边最安全。"

家有暖男,这样的暖心事点点滴滴渗透在日常生活中。当父母总能感受到孩子的爱,我想这就是做爸爸妈妈最幸福的事了。

3. 更容易获得幸福感

有共情力的孩子容易获得更多的爱和幸福。

淇淇小时候,每个周末我们都会带他去公园、景区亲近大自然。以前武汉的公交一座难求,遇到拎东西或者年龄大的,淇淇尽管很小,但他都会让座,"奶奶,你坐吧!"奶奶连忙感谢并夸奖道:"这么小的孩子就懂礼让,真是个好孩子!"福来福往,淇淇出门也总能遇到好心的人让座,被人亲切对待。

单位宿舍大院里,爷爷奶奶们都夸淇淇小嘴巴很甜,孩子从小感受到了很多和睦友好的爱。非典那年,酒精、醋等防疫物资一物难求。院子里丁奶奶家有个醋厂,特意送了两瓶白醋到我们家:"孩子小,用这个白醋把家里多熏熏!"至今,邻居们的爱和温暖都令我们一家人难以忘怀。

当孩子不论是在家里,还是出门在外,遇到的都是满满的温暖和爱,那么他便更容易感知和收获幸福。

如何培养孩子的共情力呢?

1. 教孩子认识情绪,并引导孩子用恰当的方法排解负面情绪

孩子从会说话开始,就已经有表达情绪的欲望了,从最初的哭

闹、肢体表达到用语言表达,妈妈引导孩子认识情绪很重要。

记得有一本绘本叫《生气汤》,它是一本很好的教孩子认识情绪的书。大意是一个叫霍斯的孩子遇到好几件不开心的事,气冲冲地回到了家,妈妈发现后给她煮了一锅汤,妈妈和孩子一起对着汤尖叫、吐舌头、敲锅,最后孩子笑了。霍斯妈妈是个智慧的妈妈,当她觉察到孩子生气的情绪后,不批评、不教育、不追问,而是接纳,并为孩子煮了一锅"生气汤",帮孩子找到一个好玩的方法排解掉负面情绪。

2. 从生活出发,培养孩子换位思考的能力,让善意自觉流露

父母是孩子最好的老师,生活是教育孩子最好的教材。

淇淇上幼儿园的一个冬天,从我们家去幼儿园要经过瀑水大桥,那天风雪很大,我用大外套和厚围巾把孩子裹得严严实实,骑上自行车接他放学回家。淇淇感受到妈妈推车上坡很吃力,他大声喊:"妈妈,我下来帮你推吧!"

尽管寒风凛冽泥泞难行,但此时此刻孩子温暖的话语暖三冬呀!

孩子体贴父母,会换位思考,是在日常生活中点点滴滴教育培养起来的。和孩子一起散步、逛超市,没走几步他就想要妈妈抱抱。这个时候可以告诉孩子,"妈妈不仅跟你一样走路,还得拎着给你买的水果,妈妈也好累呀。要不你也帮帮妈妈,这个水果你来拿?"孩子接过水果,晃晃悠悠没走几步:"妈妈,太重了,太累了!"接下来,

他不仅会乖乖和你一起走回家,到家后坐到沙发上还会给你捶捶背,因为孩子知道妈妈也很辛苦。

3. 夸奖孩子小小的善良

有一个周末,我们带孩子去中山公园喂鸽子,路上我们看到一个卖唱的残疾人。

淇淇说:"妈妈,你能借我一块钱吗?"

我问他:"宝贝,你要钱干吗呢?"

"妈妈,你看,这个叔叔好可怜!"

我还以为他要钱是想买路边五颜六色的气球或糖人呢,听到孩子这么善良的请求,当然支持鼓励他了。

"宝贝真是个善良的好孩子,去吧,你把这一块钱送给那个叔叔吧,有了这一块钱,他中午就能吃上馒头了。"

听我这么说,淇淇高高兴兴地把钱送过去了。

瞧,善良可爱的孩子就是这样在日常被培养出来的。

二、懂合作的孩子更有未来

奥地利心理学家阿德勒说过,"如果孩子未曾学会合作,则容易走向孤僻,并且产生牢固的自卑情绪。"

随着时代的发展,对未来社会而言,一个人的团队合作能力就是他的核心竞争力,能否培养出一个"合作型"的孩子是对每个父母的考验,也是每个父母的期待。

合作对孩子有什么好处呢?

1. 有利于孩子克服自私心理

经常听到爸爸妈妈谈论孩子"自私,以自我为中心",尤其独生子女比较明显。

合作可以帮孩子克服自私心理。即使是玩简单的拼搭积木,也可以引导孩子和爸爸、妈妈或者老师、小伙伴合作。自己一个人玩,可以搭个小小的城堡;和他人合作,可以有更多的积木更好的创意,大家一起拼搭更有成就感,孩子也更开心。下次玩积木,当别人需要他的支持和帮助时,他也会乐于伸出援助之手,这样孩子在克服自私心理的同时,也懂得了合作协助。

2. 有利于建立友好的同伴关系

有研究表明,与他人配合的游戏有利于孩子建立社会意识和合作意识,进而帮助孩子与他人建立友好的同伴关系。比如两人三足、你说我猜、接力游戏等都非常不错。

培养孩子合作能力需要抓好这两点:

1. 引导孩子寻找、欣赏小伙伴的优点

从小培养孩子欣赏别人的优点,其实就是在教孩子践行三人行必有我师。

淇淇小时候又瘦又小,他和高出他大半个头的同学做好朋友。在给我们介绍时,淇淇说:"妈妈,杨杨是我的好朋友,他长得又高又壮,我们在一起就像蚂蚁和大象站一块儿,我也要多吃肉肉,这样才能长得和他一样高。"

淇淇看到很多父母、孩子和家庭在妈妈的帮助下发生了改变,说:"妈妈,你的爱商心理很有意义!"他送给我的"奔跑妈妈",一直是我坚定传播爱、坚持心理事业的动力。

培养孩子多看别人的优点:能看见同学取得好成绩背后的汗水,能看见一起旅行时同伴的谦让,能看见父母工作的努力……这样便为孩子与他人合作奠定了基础。

2. 让孩子体验成功合作的乐趣

作为父母,要想帮孩子建立合作意识,不如让他多体验合作带来的快乐和成就感。跟驱动力一样的原理,对孩子要求,这是外力,而孩子内在的生发力和持续力才是决定性力量。

孩子最喜欢得到认可,哪怕是一次妈妈做饭、孩子摆碗筷、爸爸洗碗的愉快晚餐合作,如果得到了爸爸妈妈的肯定和夸赞,那么孩子下次用餐也会更乐意主动摆好碗筷,慢慢地,孩子也会更乐意与他人合作。

三、爱就是好好说话,培养会沟通的孩子要做对这三件事

果果有两天没见到妈妈了,妈妈回来后,孩子不免有些撒娇。

午餐时果果一反常态,磨磨蹭蹭挑肥拣瘦,噘起小嘴巴这也不吃那也不吃。

妈妈忍不住说:"果果,好好吃饭,这个豆豆可是你最爱吃的呀!"

她气呼呼地回道:"可豆豆放那么远,我都夹不到!"

"那你可以告诉我们呀,也可以让妈妈帮你夹,为什么不好好说?噘嘴巴生气,豆豆会自己到你碗里吗?"

小果果马上转变了语气:"妈妈,我想吃豆豆,你能帮我夹吗?"

孩子之所以不好好说话是因为两天没见到妈妈,想通过撒娇的方式得到妈妈的关注和爱。当孩子不好好说话时,引导孩子用正确的方式沟通,渐渐帮孩子形成良性的沟通模式,这一点非常重要。

著名心理学家阿德勒认为,人类的所有烦恼都来自人际关系。要想处理好人际关系,良好的沟通能力很重要。

同时,父母爱孩子,也要学会用正确的方式表达自己对孩子的爱,千万不要让错误的表达方式遮蔽了你那颗爱孩子的心。

培养孩子良好的沟通能力,可以试试这三招:

1. 鼓励孩子说出内心真实想法

淇淇和我们的沟通一直是比较畅通的:幼儿园里和小朋友玩的游戏、老师教的儿歌,小学和好朋友踢足球进了几个球,中学班上有女生递小纸条,高三冲刺阶段遇到瓶颈自己如何摸索突破……

孩子愿意把内心真实的想法表达出来,这是亲子之间关系融洽和谐的重要标志。从小教会孩子这种沟通模式,不论是他和父母、和老师同学,还是长大后进入职场,对他人际交往都非常重要。

2. 爱的沟通请善用肢体语言

拥抱能让人产生催产素,而催产素代表爱。记得我们那时候小学课本中有一篇课文叫《穆老师的眼睛》,穆老师亲切、鼓励、爱的眼神,滋养了一届又一届的学生,这也成为我后来做老师的榜样。

孩子从出生到长大,从对肌肤的抚触到拥抱,爸爸妈妈都请善用肢体语言。幼儿园接孩子回家时,淇淇会像燕子一样扑进妈妈怀里;不开心受委屈了,我们也会给孩子一个大大的拥抱;即使犯错挨批评了,事后一个拥抱也是我们和解的桥梁。

对孩子常用的肢体语言不止拥抱,比如鼓励孩子时竖大拇哥,肯定孩子时的微笑,孩子害怕畏难时拍拍肩等,有时一个动作胜过千言万语,会传递给孩子爱和力量。

3. 培养孩子养成社交好习惯——有礼

频频有新闻媒体曝光高铁或地铁中喧哗乱窜的孩子令人反感生厌,原本天真可爱的孩子,一旦无礼,走到哪儿都不会受欢迎。看似由着宠着孩子,实则让孩子在人际交往的路上越走越偏。

一个有礼貌的孩子,走到哪儿都会让人多一份好感。

我家小果果不仅彬彬有礼,而且小嘴巴很甜。地铁上、商场里,哪怕是去交个水费,她都会得到更多的关怀和爱:地铁上有人让座,在商场能收到卡通人偶送的小气球,物业阿姨带她去办公室吃糖果,她简直就是人见人爱的开心果呀!

我们应该如何跟孩子沟通呢?可以试一下"3T原则",即共情关注、充分交流、轮流谈话,这是萨斯金德教授提出的交流原则。

比如宝贝放学回家,情绪低落,那么我们就可以这样和孩子沟通:

——宝贝,你看起来跟平时不太一样,是发生了什么不开心的事吗?(共情关注)

——嗯,豆豆今天不知道为什么放学时不理我?(充分交流)

——哦,你们今天一起玩游戏了吗?(轮流谈话)

——我们不仅一起玩了游戏,还约好明天一起看书呢!

——哦,那挺好呀?

——可是,我和毛毛一起玩游戏后,他就不理我了。

——哦,可能你和毛毛做好朋友,他就觉得毛毛跟你是好朋友了,你和他不是好朋友了,所以他有些生气。

——好像是的,妈妈,那我明天去学校跟豆豆讲,我和毛毛是好朋友,跟他仍然是好朋友!

——太棒了,宝贝!好朋友之间有误会或者有想法,都可以说出来,憋在心里生气可不好!

第三节 抗击挫折：抗挫力，才是孩子主动行走世界的底气

心理学研究指出：当人们遇到挫折时，高达90%以上的人会选择五种反应，分别是攻击、退化、压抑、固执与退却，而正面思考者的比例低于10%。

大多数人在遇到挫折时，很容易陷入负面情绪，他们往往将失败怪罪于他人他物，对自己也会自责和否定，不懂得如何接纳或调整负面情绪。

具备较强抗挫力的孩子在困境中依旧能够快乐前行，培养孩子抗挫力，让孩子学会微笑面对挫折很关键。

一、适度让孩子去经历，去体验

其实关于抗挫力，我们老祖宗早就总结了智慧并"昭告"后人了，《生于忧患，死于安乐》中这段脍炙人口的文字勉励了一代又一代中华子孙："天将降大任于斯人也，必先苦其心志，劳其筋骨……所以动心忍性，曾益其所不能。"

房子、金钱等物质财富，父母也许可以给予孩子，但抗挫力这类可贵的能力财富，只有通过孩子自己去经历和体验才能获得。所以，正确爱孩子，恰恰需要适度让孩子经历挫折、体验挫折，进而从

中获取属于他的能力和智慧。

下面梳理了一些孩子可能会经历的挫折:

1. 好朋友的生日聚会邀请了很多人,唯独没有自己。

2. 养了多年的宠物死了。

3. 已经非常努力学习,但成绩仍然不理想。

4. 因为一件小事没做而被指责。

5. 班干部的"官职"被罢免。

6. 某项活动得了最后一名。

7. 被另一个孩子打。

8. 在学校被不知实情的老师训话。

当孩子有上面这些挫折时,作为爸爸妈妈,我们不仅要肯定它们的重要性,而且要正确引导孩子。专家认为,好好教养意味着学着把你可能想努力避免或者害怕发生在孩子人生中的事件,视为建构智慧与观点的成长助力。

二、原来爸爸妈妈也曾有过挫折呀

淇淇的十六岁生日,至今让他非常难忘。那年,大雪纷飞冰天冻地,淇淇早早地抽空定了个美味的生日蛋糕,计划晚上下自习后和寝室的同学一起开心过生日,请大家一起吃蛋糕。可那天寝室同学都找各种理由出去了,只剩他一个人孤零零的,孩子心里难受极了。他打电话给妈妈时,委屈得快哭了。

我很懂他,如果不是特别委屈,淇淇是不会给我打电话的。在青春期,同伴关系对于孩子而言至关重要,它可能会影响当下孩子和同学的相处,甚至会影响以后的朋辈关系、职场关系。

于是第二天一早,我带着果果妹妹,带上好吃的就去学校探望哥哥了。去的路上冰天雪地事故频发,结冰路段明显感觉到刹车失灵车子在漂移。回想起那天的路况,至今还胆战心惊心有余悸。

午餐后,我们在车上好好谈了心。我告诉淇淇,妈妈曾经在小学五年级和高一下学期,同样遭遇过被同学冷落的低谷。我将两段经历讲故事一样讲给他听,并告诉他妈妈当时的感受和处理方式,后来妈妈不仅被同学们高票选为多年的班长,还和班级很优秀的同学做了好朋友,收获了友谊。淇淇听了妈妈青春期至暗时光的友谊和挫折,他也敞开心扉,把昨晚的情绪和委屈都倾诉出来,并反思总结出自己和同学相处时还需调整沟通方式。聊完了,哥哥还和妹妹在雪地里撒欢玩了会儿雪。

在后来的高考路上,淇淇也收获了很多同学的友谊和鼓励,现在和大学室友相处得也非常融洽愉快。

著名心理学家马斯洛说过,"挫折未必总是坏的,关键在于对待挫折的态度。"不论孩子多大,当他们遇到挫折,感到孤立无援时,最希望得到的就是爸爸妈妈第一时间的理解和支持,此时我们不用太多的说教,换个角度,和孩子讲讲你曾经也遭遇过类似的挫折,也可以给孩子带来共鸣和启发。

三、给孩子支持,变挫折为礼物

我们都知道爱迪生发明灯泡的故事,他用了一千多种材料做灯丝。

助手对他说:"你已经失败一千多次了,成功已经变得渺茫,还是放弃吧!"

爱迪生却说:"到现在我的收获还不错,起码我发现有一千多种材料不能做灯丝。"

最后,经过几千次的实验,当他选择钨丝时,终于成功了。

换作我们的孩子,遇到挫折,没有支持和理解,任由挫折带来的沮丧、挫败、失望、委屈包围孩子,可想而知,很多孩子会被挫折打败,像只小乌龟一样缩回壳里,这样的话,恐怕世界上永远不会有电灯这个发明了。

用我曾经在家庭教育讲座中的观点"黑见白"来说,挫折发生就像身处黑暗,我们要善于在挫败的黑暗中发现可以汲取的养分。比如孩子参加班级小主持人竞选落选了,它虽然是个挫折,但我们可以从选拔中看到别的小朋友的亮点和优点,积极学习,师人之长,进而提升自己的主持能力。

挫折发生不是坏事,爸爸妈妈用好这个教育契机,正确引导和教育孩子,让孩子学会正确认识挫折,积极乐观地从挫折中发现"礼物",把每一次失败每一个挫折都当作成长磨砺的机会。挫折教育不是刻意让孩子吃苦受累,更不是刻意打击孩子,人为给孩子制造痛苦,而是教会孩子遭遇挫折和失败时,学会积极应对,利用挫折发生的时机趁势而为,让孩子经一事长一智。

抗挫小勇士的养成方法:

1. 过思想关

首先在思想认知上要明确,挫折是我们每个人成长的必修课,不论是谁,都没有一片坦途。

孩子越小,越容易看见和相信别人的成功,这更需要爸爸妈妈引导孩子,不论是搭积木,还是大大小小的考试,抑或高考的金榜题名,别人和咱们一样,也是经历过许许多多的失败和挫折,通过不懈努力才收获成功的。

2. 积极直面

糟糕的事情发生了,是逃避还是直面,往往也能看到孩子的抗挫力。

淘宝哥哥和果果妹妹趁奶奶午睡去厨房把大米、豆子倒了一地,玩过家家玩得不亦乐乎。

听到奶奶起床了,两个小家伙连忙起身辩解。

淘宝哥哥说:"奶奶,不是我干的,大米和豆豆都是妹妹倒出来的!"

妹妹委屈地说:"奶奶,不是的,是淘宝哥哥说我们一起干坏事,让我倒出来玩堆沙子的游戏的!"

果果不论是做错事、做坏事,她都敢于承认,也勇于认错。从上舞蹈班也可以看出小家伙勇于直面困难挑战。舞蹈班基本功练习对于初学的孩子来说都很辛苦,很多启蒙班的孩子因此放弃学习舞蹈了,但果果从不娇气从不言弃,坚持并认真练好每个基本功动作,今年舞蹈考级连考两级,并顺利通过。

3. 爱的加持

孩子遭遇挫败时,你是失望、恨铁不成钢?还是能蹲下来和孩子对话,理解并给予孩子支持,帮孩子下次争取成功呢?

记得淇淇在小学四五年级时,有个严厉的语文老师,如果孩子作业不达标,第二天都会被叫家长。有一次淇淇周测错题更正,我们忘了给他签字,于是第二天放学接孩子时,第一次作为家长被叫到了老师办公室,并挨了批评。

记得当时出了办公室,想到作为家长们尊敬的园长妈妈,只因为孩子作业没签字芝麻大的小事,就被孩子老师训学生一样对待,我顿时感到莫名的窝火。情绪上头,准备好好训下淇淇,可一看孩

点燃内驱力：如何让孩子自觉又主动

子委屈巴巴眼泪汪汪的，又不忍心，于是把情绪压了下去，想着回家再好好给他上一课。

回到家，看到淇淇怯怯的眼神，我情绪也缓过来了，还是决定好好做个沟通，了解下事情原委。原来是前一天晚上孩子做作业太晚，写完作业困了就睡觉了，早上匆匆赶时间没来得及叫爸爸妈妈签字。沟通后，我们决定每天做完作业及时督促孩子检查签字，避免同样的错误再次发生。

不论是平时作业或是考试，不免有这样那样的挫折插曲，作为爸爸妈妈，我们能做的和应该做的，是及时给予孩子支持和引导，和孩子一起跨越一个又一个挫折的小山坡，进而让孩子拥有面对更大更复杂的挫折的力量和智慧。

📖 爱的练习：一个九宫格，让孩子学会爱

爱的陪伴	爱是好好说话	爱的抱抱
爱是积极回应	爱的能量杯	和谐有爱住我家
爱复制爱	爱的觉察	爱的接纳

第四章

培养情绪控制力

孔子在评价《诗经》时曾说过,"《诗》三百,一言以蔽之,曰:'思无邪'",即诗经中的诗句言词中正平和,得以流传千古。《诗经》尚且如此,培养平和稳定又积极的情绪,更是孩子未来真正的核心竞争力。这一章我们就来聊聊如何培养有情绪竞争力的孩子。

明确动机
透过情绪,看到孩子背后的需求

张弛有度
全脑教养法、积极情绪和正念练习提升孩子情绪控制力

稳定情绪
运动和旅行,让孩子收获积极情绪

第一节　明确动机：透过情绪，看到孩子背后的需求

情绪一端是爱，生出正向积极情绪，诸如快乐、平和、热情，另一端是恐惧，生出负向消极情绪，诸如生气、悲伤、紧张。这些负面情绪的来源，究其根本是我们潜意识下的动机需求没有被满足。孩子是否心理健康阳光、情绪平和稳定，认可和安全动机是根本。

一、父母一次次的认可，是孩子的全世界

1968年，美国心理学家罗森塔尔曾对美国一所乡村小学18个班的孩子进行过一项研究。他们随机挑选了一些学生，告诉校方这些孩子更有发展潜力，8个月后，经过测试发现，之前被随机判断为有潜力的学生，表现得性格更外向、更自信，求知欲也更强，这个后来被罗森塔尔命名为"权威性谎言"。

对于大部分孩子来说，父母是他们人生中的第一个权威。父母的认可，将深刻地影响着孩子。在心理学上，因为每个孩子潜意识里都是爱父母的，他们会把父母的评价，内化为对自己的评价。对于孩子而言，父母是孩子的重要他人，父母的评价是孩子自我评价的基石。如果父母肯定了孩子，孩子就能肯定自己，逐渐生长出自

信；如果父母否定了孩子，孩子就会否定自己，改造自己。

给予孩子认可，父母应该把握三个要点。

1. 了解孩子的认可需求

随着孩子的成长，每个年龄阶段，他的认可需求都在不断变化。爱孩子就要对准孩子爱的频道，给他想要的，而不是我们作为父母所认为的爱和认可。

婴儿期，孩子会笑了，会翻身了，会爬会走路了，会喊爸爸妈妈了，父母充满惊喜的赞扬和鼓励是对孩子最好的认可。

幼儿期，孩子会自己吃饭了，会儿歌舞蹈了，老师的小红花、妈妈的微笑都是孩子最期待的认可。

上中小学了，生日收到同伴的祝福和小礼物，学习得到老师家长的表扬，它们都是孩子变得更自信的认可……

2. 积极的心理看待孩子

放眼看去，貌似身边不少焦虑的爸爸妈妈。焦虑是父母对孩子未来担心的情绪，是一种消极的负面心理，用大白话讲，就是负能量。当孩子每天放学回家面对的是一对充满负能量的父母，想想这孩子得有多压抑呀。

积极心理学给了我们另一个视角，积极心理学之父马丁·塞利格曼说："真正的幸福来源于你对自身所拥有的优势的辨别和运用，来源于你对生活意义的理解和追求,它是可控的。"塞利格曼博士用大量令人信服的实验和调查证据告诉人们:乐观的人能在逆境中更好地成长,也更容易获得幸福感!

睿智的爸爸妈妈都会积极看待孩子,总能"黑见白",善于发现孩子身上的闪光点和优势,这种积极乐观的思维模式,不仅更好地认可了孩子,还能潜移默化地影响孩子。

3. 鼓励孩子表达情绪

若孩子不能勇敢自由地表达自己,一味追求父母或他人的认可,就可能会成长为讨好型人格,进而活在别人的评价里。培养孩子正确认识认可需求,就需要鼓励孩子勇敢表达出内心的真实感受和情绪。

二、建立安全感,是为人父母要做的第一件事

关于孩子安全感的培养,得从安全的亲子依恋关系开始。依恋理论的提出者英国精神分析师约翰·鲍尔比,将依恋定义为"个体与具有特殊意义的他人形成牢固的情感纽带的倾向,能为个体提供安全和安慰"。

安全感是儿童身体、情绪、认知发展的基础,没有安全感,其他一切犹如空中楼阁,这样的孩子缺乏根基,不堪一击。

安全感缺乏的孩子有哪些表现呢?

我们发现安全感缺失的孩子,有的怯懦胆小,有的黏人分离焦虑,有的疏离孤僻。

这类孩子长大后更大的麻烦在于,和他人建立关系时很容易遇到各种困难和挑战。咨询接待中很多来访者因为安全感的缺失,建立亲密关系时非常拧巴:明明喜欢对方,却表现出各种敏感多疑不信任,一次次争吵分离将对方推开又挽回,反反复复,痛苦不堪。

孩子建立安全感,抓好这三个阶段:

断奶。孩子一岁半以前,断奶是一次严峻考验。母乳喂养,孩子不仅能从母亲那里获得身体成长的营养,同时妈妈的气息以及吮吸母乳这一行为也会让孩子获得安全感和心理安抚。如果在婴儿时期孩子没有及时得到这些满足,那么他的潜意识就会受到创伤,播下恐惧和无力的种子,而没有在生命中最重要的头一年,发展出对世界基本的信任感,这也是长大后缺乏安全感的主要原因之一。

入园。入园焦虑对孩子安全感是一次大冲击,关乎孩子以后对他人、对世界是否信任,对未知发生是勇敢主动还是退缩逃避;也影响孩子的人际交往,是融入合群还是孤独冷漠。

孩子入园,第一次与重要他人分离,与父母的关系从形影不离到渐行渐远。作为父母,我们可以帮助孩子适应幼儿园——帮孩子提前熟悉幼儿园环境,做一些能力和心理方面的入园准备,帮孩子将小伙伴和老师逐渐拓展为信任的重要他人等,以此来帮孩子建立新的安全感和支持系统。

分床。分房睡对于父母和孩子来说都是一次挑战,甚至被专家们誉为孩子心理上的断奶。在分房睡之前,绝大多数家庭首先要面临的是分床睡。从生理上来看,过早分床,孩子体内的皮质醇激素会上升,进而导致孩子处于亢奋状态,使孩子内心感到恐慌和不安;从心理上来看,过早分床会使孩子和父母之间缺乏足够的交流和沟通,不利于孩子与父母建立良好的依恋关系,孩子可能会因此缺乏安全感。当然,分床过晚也会带来各种问题和困扰,比如影响孩子的独立性发展,影响夫妻关系与生活,也可能会影响孩子的性心理健康等。

关于分床,主流专家建议3岁以前同床睡,3岁以后开始尝试分床,6岁以前最好完成分床。先满足孩子的安全感,等他有足够的心理能量面对这个世界的时候,再适时地培养其独立性。

别做这三件事,它们会破坏孩子的安全感。

恐吓孩子。"你再不听话,妈妈就不要你了!""你再哭,我就把你扔出去!"每每爸爸妈妈这么吓唬孩子,大人觉得微不足道,可对孩子来说,他是会当真的,孩子的恐惧感油然而生,因为孩子很小,他的全世界只有爸爸妈妈这一个安全抓手。

趁孩子不注意偷偷溜走。因为工作上班或者要下楼办事,趁孩子熟睡或爷爷奶奶陪着玩时,有的妈妈就会悄悄溜走。殊不知,孩子发现妈妈不见了哭着喊着要妈妈,不仅孩子的安全感被破坏了,还会让他变得敏感和不信任。

对孩子大吼大叫。情绪化也是爸爸妈妈们带娃时经常出现的问题,特别是辅导孩子作业时,网上流传着无数被娃整崩溃的段子。也许孩子触发了爸爸妈妈情绪崩溃的按钮却毫不自知,但父母对孩子这种无意的行为情绪激动得大吼大叫,会让孩子手足无措且没有安全感。

如何养育一个有安全感的孩子?

1. 平和稳定。孩子成长的环境稳定,既指物理空间环境的稳定,也指关系环境的平和稳定,这样才有利于安全感的培养。有个朋友,夫妻俩都忙于工作,孩子打小就由爷爷奶奶和外公外婆轮流带。奶奶家住一周,外婆家住一周。孩子长大上小学了,爸爸妈妈发现,孩子不仅和他们不那么亲密,同时老师也反映,孩子在班上不论是回答问题还是参加集体活动,都有些胆小怯懦。

环境和抚养人的稳定影响着孩子安全感的培养,关系环境的稳定更决定着孩子的安全感。一个在温馨和谐有爱的家庭长大的孩子,安全感十足,阳光自信;而在一个每日争吵打闹鸡飞狗跳的家里,孩子只会感到恐惧不安。

2. 不缺席的妈妈。记得在北师大学习时,一位教授说过一句话,"孩子6岁前,即使妈妈能赚金山也不要丢下孩子。"很多心理学、教育学专家也都曾提出,0~3岁妈妈不要缺席孩子的成长,因为这个时期,是孩子从妈妈的抚育、陪伴里建立安全感的关键时期,错过了,对孩子而言,可能需要用一生去找补。

3. 用积极的情感传递爱。最近,我被抖音新疆小伙子优素福和他的妈妈圈粉了。半年圈粉两百多万,评论区,许多人和我一样的感受:这样的妈妈是我们都想要的。温暖而积极的妈妈特别治愈人心,尤其对优素福姐弟和优素福爸爸,优素福妈妈给予的都是爱的肯定和鼓励。

4. 关照自己的情绪和婚姻。成年人的日常没有容易二字。走进婚姻后,我们会感受到角色、责任和以前大不同,加上孩子教育也需要很多精力,免不了会有情绪,婚姻是为人父母迅速成长的道场。作为爸爸妈妈,有情绪或矛盾时,尽量不要当着孩子吵架,努力为孩子创造一个温馨和谐的家庭环境。

除此之外,家长还可以尝试下面这些帮孩子建立安全感的小游戏。

空间敏感。孩子的空间敏感期从学习爬行的时候就已经开始了,在此期间,宝宝对于空间有着很强的好奇心。到了3岁左右的时候,孩子会出现喜欢躲猫猫,喜欢在窗帘后面钻来钻去的情况,这个时候家长会觉得孩子变得顽皮了,其实这是孩子空间敏感期的常见表现。孩子通过自己的行为方式来实现对周围环境的感知,完成对环境的探索,同时视觉、触觉等一些感官刺激会使得孩子对空间状况有自己的理解,进而使孩子的空间智能得到很好的发展。所以这个时期,可以给孩子搭个小帐篷,和孩子玩躲猫猫等游戏,这样他不仅在行为能力以及智力发育方面会发展迅猛,同时安全感也能得到很好的发展。

触觉感受。触觉是孩子通过全身皮肤上的神经细胞来接受外界的温度、湿度、压力、痛痒以及物体质感等刺激之后所产生的一种感觉,它是宝宝在成长过程中探索环境的重要中介,也是保护身体免受伤害的重要防线。0~3岁是宝宝触觉发育的黄金期,家长要为宝宝提供安全的探索环境,确定游戏或物品是安全的。这个阶段,爸爸妈妈可以陪孩子玩手印画、沙土等游戏,它们都非常有利于孩子安全感的培养。

情绪放松。爸爸妈妈还可以和孩子玩一些宣泄情绪的游戏,它们对于孩子安全感的建立也很有益处。比如和孩子一起将废纸撕成"雪花"碎片,陪孩子一起玩撒雪花的游戏;如果在冬天,那就带着孩子到公园来一场酣畅淋漓的打雪仗游戏吧!淇淇是男孩子,和爸爸在家里玩拖鞋大战、抱枕大战,玩得不亦乐乎,直到现在,家里客厅洁白的墙壁上还留有他们战斗的痕迹呢!

第二节 张弛有度：情绪控制能力的培养绝非一日之功

培养孩子好情绪，该如何着手是爸爸妈妈们最关心的，这一节我会将全脑教养法、积极情绪和正念练习这三个方法与大家一一分享，有了它们，培养孩子好情绪变得轻松又简单。

一、孩子脾气大，情绪说来就来？全脑教养法，解决问题更轻松

大约是在淇淇上小学二三年级的时候，有一天一大早送他上学，磨磨蹭蹭起床，匆匆忙忙揣点去学校，见我等了半天，他多少有些愧疚，对我说："妈妈，我感觉自己身体里住着两个淇淇，一个是勤快的淇淇，一个是懒惰的淇淇。勤快的淇淇一听到闹钟响就想着快起床，不然迟到了；而懒惰的淇淇在我耳边说：'没关系，再睡五分钟

起床。'"很惊喜孩子有这个感悟,正好与心理学上的全脑理念不谋而合。

在孩子 3 岁之前,下层大脑占据主导地位,"孩子的脸,六月的天",孩子的情绪说来就来,一言不合就翻脸,这是有脑科学依据的。

下层大脑主管一些原始的基本功能,比如快速反应的能力、原始的情感等。而上层大脑的进化程度更高,它主管像思考、想象、规划等更高级的功能,只要它运转良好,就可以帮助孩子调节情绪,使孩子做事考虑后果,三思而后行,并考虑别人的感受。

下层大脑在我们出生时就已经十分发达,而上层大脑则要到二十几岁时才能发育成熟。大脑发育的规律决定了小孩就是会情绪化,会闹脾气,这很正常。

美国著名积极心理学家丹尼尔·西格尔提出"全脑教养法",融合了脑科学研究和心理学研究等内容,是一项变革性的教养方式。全脑教养,根本目的是通过整合孩子大脑,促进孩子心理的完善与健康,进而发展出孩子为自己负责的能力。以前我们认为大脑的变化仅仅发生在儿童阶段,但是这些年脑科学家通过脑部扫描技术发现,大脑是可塑的,并且终身可塑。

大脑的运作模式是我们每经历一次体验,大脑对应的神经元就会被激活,而每个神经元又和特定的成千上万个神经元相连接,神经元不断被激活,我们的大脑就不断地重新"布线"。

所以,孩子的所有经历都会影响他大脑的神经布线,都在塑造孩子正在生长着的大脑。

通过上述分析,我们明白,孩子情绪化其实是正常现象,那么如何利用全脑教养法培养孩子的积极情绪呢?

1. 聆听和关注,将孩子引导至上层大脑再平静沟通

小孩子的情绪说来就来,一言不合就撒泼生气也是常有的事,这也会让妈妈们无名火腾然而起,爸爸妈妈们可别中计,别让小家伙的情绪变成我们生气的导火索。咱们遇事不要慌张,先深呼吸冷静下来,听听小家伙怎么说的,为什么生气闹情绪?

我们带果果一起去公园散步,走着走着,她停住不走了,小嘴巴噘得老高。

"果果,快走呀!"

"哼!"

"你为什么停下来不走了呢?"

"你们走那么快,都不等等我,就剩我一个人在后面!"

"哦,你觉得我们走在你前面,所以生气了啊。是这样的,我们一起散步,路只有这么宽,前后走就不会挡别人路了。况且,你跟在我们后面也才几步的距离。你如果不喜欢一个人在后面,可以直接告诉我们你的感受,爱生气的小朋友会变成丑巫婆哦!"

"好吧,那我能牵着你的手一起散步吗?"

2. 区分孩子发脾气类型,有效整合

全脑教养的上层怒火是指孩子有意识地发脾气,他自己可以控制,随时可以停止。对于上层怒火,爸爸妈妈可以根据情况区别对待:有的可以满足,有的则需要制止或拒绝,否则孩子发现自己一发脾气大人就妥协满足,这招好用,那他就会常用。

而下层怒火是孩子无法使用上层大脑,不受控制地发脾气。这时孩子可能已经完全失去理智,爸爸妈妈千万不要情绪化"以暴制暴",而应该让孩子先冷静下来,处理好情绪后再处理事情。

3. 多锻炼孩子大脑,让他越来越聪明

一是在生活中不替孩子做决定,让孩子多参与决策。我们都知道,大脑遵循"用进废退"的法则,爸爸妈妈不要事事代劳,不论孩子在哪个年龄阶段,都要留机会给孩子做相应的思考和选择,只有在一次次的历练中,孩子的大脑神经才会更发达,遇到事情也才不会过于情绪化。

二是运动可以改善大脑发育。孩子身体所有部位的任何一个动作,包括大运动和精细动作,都可以称之为运动。孩子多运动不仅可以促进智力、语言等能力的提高,还可以促进孩子认知的提升,所以运动的孩子更聪明。

精细运动,比如孩子自己吃饭、穿衣服、画画、做手工等,都可以很好地帮助孩子手眼脑协调发展,促进脑发育。大运动可以增强孩子的心肺功能,使孩子大脑获得更多氧气和营养物质,从而变得更发达。比如一岁前,多做老人常说的"三翻六坐九来爬"练习;一岁半以后,可以走跑跳跃,提高孩子大肌肉协调能力;到幼儿时期,可以多参加一些如跑步、骑小车、滑轮滑等的有氧运动。当然,兴趣是最好的老师,跆拳道、游泳、舞蹈等运动也非常好,结合孩子爱好选择即可。

二、简单三招培养积极情绪,增加亲密感和归属感

有个小故事一直影响着我。从前有两个人,不小心都掉进了大海里,其中一个悲观的人叹气:"真倒霉,万一被淹死了怎么办?"另一个积极乐观的人说:"没关系,说不定我待会儿游上岸,会发现口袋里游进来一条小鱼呢!"

积极心理学之父马丁·塞利格曼教授认为,幸福的人生落脚点在"蓬勃"这个状态上,而支撑蓬勃人生的五个要素中,积极情绪、投入、积极关系、意义和成就,首要的就是积极情绪。

试试这三种方法培养孩子的积极情绪:

1. 培养孩子面对挫折的积极情感

从积极心理学我们得知,关乎孩子未来幸福的首要因素在于积极情绪,培养孩子积极情绪是个润物无声的长期工程,而最能教会

孩子积极情绪的教育契机,在于孩子成长路上遇到的挫败困顿。

孩子蹒跚学步第一次摔跟头了,和小朋友玩游戏输了,六一儿童节登台表演出状况了,重要的考试失利了……当孩子遭遇挫折时,爸爸妈妈给孩子种下积极,孩子就会收获积极乐观和强大。

2. 引导孩子对事情做正面思考

让孩子拥有"黑见白"思维须从小培养,当下发生了一件"坏事",比如中考没能如愿进重点,甚至再糟糕一点考了个职业高中,对于多年寒窗苦读的孩子来说,确实是不小的打击。然而前段时间网上热议的"90后"邢小颖,就是一名中职生,她在职业教育领域不懈努力,最终成为清华大学实践课教师。所以,看似很糟糕的事情发生了,也未必一定是最坏的结果,"乾坤未定,你我皆是黑马"。

遇到"坏事",引导孩子"黑见白",不好的事情也会有光明的一面,遇事积极面对,拉长时间,提升高度,假以时日,持之以恒,相信胜利就在前方。

3. 帮孩子树立美好的目标

"取乎其上,得乎其中",一个人的美好目标,决定了他的一生。

美国哈佛大学曾做过一个非常有名的实验,他们对智力、学历、环境条件都相似的毕业班学生,进行了一次关于人生目标的调查。调查的结果是这样的:

3%的人有清晰而长远的目标;

10%的人有清晰但比较短期的目标;

60%的人目标模糊;

27%的人没有目标。

实验在25年后揭晓答案,结果是这样的:

3%的人,几乎都成为社会各界的成功人士,生活在社会的上层;

10%的人,大都成为各个领域中的专业人士,大都生活在社会中上层。

60%的人,大都生活在社会中下层;

剩下的27%的人,大都过得很不如意,并且常常埋怨他人、抱怨社会。

由此可以看出,爸爸妈妈们从小引导孩子树立美好的人生目标关乎孩子未来积极、乐观、幸福的生活。

三、正念练习,让孩子回归积极状态

我们和孩子两代人,生活的时代和背景大不同。现在这个时代,生活节奏更快,抢夺注意力的诱惑更多。不论大人还是孩子,从看不见的念头意识到物质环境,纷繁熙攘,很容易被裹挟进这股洪流,从而深刻影响我们的专注力、学习力,所以从大人到孩子,我们更需要回归内心的平静。乔·卡巴金博士提出的正念是一种心理过程,是指通过有目的的觉察,让我们的思想不再漫无目的地发散、妄想,使内在和外在的意识体验专注于当下的事物。

如何引导孩子通过正念管理情绪呢?

1. 什么是正念

荷兰心理学家艾琳·斯奈儿认为,正念是对当下的觉察,具体来讲,是指以一种开放和友好的意愿去了解你身体里和你周围正在发生着什么。孩子通过充分体验专注、耐心,就会犹如小树苗牢牢扎根在大地上一样,有充足的空间成长,找到并成为真正的自己。

无数人羡慕的"韩国首席妈妈"全惠星,成功培养了考入耶鲁、哈佛的六个孩子,她的育儿理念与艾琳的正念如出一辙。六个孩子自小从正念呼吸中汲取力量,每晚睡前半小时,进行正念呼吸,孩子们从坐立不安到渐渐自在,逐渐提高了对大脑思维的控制能力、学习时的专注力,以及面对事情情绪稳定冷静处理的能力。

2. 通过正念练习回归积极

做正念练习时,可让孩子躺着或坐在舒适的地方,轻轻闭上双眼,凝神聚气于身体每次呼吸的起伏变化,可让孩子把手或毛绒玩具放在腹部感受呼吸时上下起伏的节奏。

正念呼吸的过程中,还可以引导孩子从头到脚扫描式放松。也可以正念想象,让孩子想象自己感到骄傲自豪的一件事:吸气专注腹部,呼气想象骄傲的事,让这种感觉充斥自己的身体。

第三节 运动和旅行,让孩子收获积极情绪

有研究表明,运动和旅行都容易让人拥有积极情绪。

一、长期运动的孩子,大脑会发生惊人的变化

如果细心观察,我们会发现身边很多优秀的人都非常热爱运动,他们心态阳光,情绪积极。这不禁让人好奇,运动难道有什么魔力吗?原来,我们在运动时会产生"快乐激素"——多巴胺、内啡肽、血清素和催产素。

多巴胺,能使人产生快感,让人感到兴奋和开心。内啡肽,是"天然止痛药",能改变负面情绪,让人积极向上;血清素,又称为"情绪稳定剂",它能帮我们放松心情,安抚我们的情绪,进而缓解

焦虑和压力;催产素,也被称为"爱的荷尔蒙",它会给我们带来持久的平静和安全感,可激发我们对群体的归属感和依恋感。

大量研究发现:坚持运动可以明显增加大脑神经纤维、树突、突触的数量,促进大脑发育,提高记忆力,不仅如此,它还能让人拥有积极的情绪。所以,让孩子动起来吧!

1. 找到运动乐趣。首先,爸爸妈妈要了解孩子的身体状况,每个孩子在先天活力和运动能力方面是有差别的,孩子属于偏安静易疲惫的类型,还是精力旺盛喜欢大汗淋漓的类型?选择适合孩子并且孩子感兴趣的运动,关上电视和电子产品,带着孩子多多亲近大自然。第二,不要忘了提供相应的安全保障。借用我们常常提醒幼儿园老师的一句话——确保孩子在视线内安全活动,运动环境、活动物料等都要确保安全。第三,不论孩子尝试了什么运动,即使是去小花园溜达了一圈,也要从中找到下楼运动的小喜悦,及时鼓励和夸赞孩子在运动过程中的努力和成就。

2. 和孩子一起玩。想要让孩子爱上运动,父母很关键。首先,一起营造运动的氛围,可以全家,也可以约上一两个小朋友一起参与,周末的公园、郊区景区都是非常不错的运动场所。其次,父母成为榜样。爸爸妈妈要尽量放下工作和手机,抽出一定的时间运动。有的家庭做得特别好,妈妈每周练瑜伽和舞蹈,爸爸坚持每周健身。榜样影响孩子,小家庭可以从约定一个固定时间陪孩子散步开始,或者每周末陪孩子玩球、骑小车,这些都是不错的选择。

3. 让运动成为一种习惯。好习惯是慢慢养成的,确认好适合孩子并且孩子喜欢的运动项目后,约定一个固定的时间和孩子一起运动,可以互相挑战、互相鼓励,增加趣味性。有个朋友,因为自己受身高困扰所以特别注重孩子长个的运动,他常年陪着孩子坚持不懈地跳绳、打篮球,孩子也逐渐养成了热爱运动的好习惯。淇淇也是个热爱运动的孩子,小学就加入了学校足球队,到后来坚持打篮球,运动习惯一直保持得比较好。

二、带着孩子去旅行,世界就是最好的课堂

美国生物学家马克·罗兹维格做过这样一个实验:他们把基因一致的老鼠分为三组,并将其置于三种不同的环境做观察对比。

几个月后,实验结果显示,在有秋千、滑梯、木梯、小桥等丰富环境下生活的老鼠机灵好动,其他两组却目光呆滞。解剖后发现,老鼠的大脑皮层在厚度、蛋白质含量、细胞大小等方面,都因为环境的不同而有差异;环境越丰富,大脑发育越好。旅行正是给孩子提供不同环境最好的方式。

亲子旅行值得拥有,旅行可以带给孩子不一样的成长。

1. 边玩边学,真正的成长在路上

首先,旅行给孩子提供了探索世界的机会。孩子本就对这个世界充满好奇,与其告诉孩子海水是咸的,不如带他到海边亲口尝一尝。读到毛主席的故事,我们带他去了韶山冲、延安革命圣地,跟着爸爸听革命历史,这样的活教材,最能激发和满足孩子的求知欲,而且学习效果也会更好。

其次,旅行路上状况百出也是极有可能的,这正好培养孩子解决问题的能力。

有一次,我们在三亚旅行,途中听到别团的导游讲热带植物和传说故事讲得有声有色,便跟了上去,淇淇听得津津有味。我和爸爸边听边拍照,不知过了多久,突然发现孩子不见了。淇淇没有通信工具,没有零花钱,景区游客众多,万一孩子被坏人带走了怎么办?越胡思乱想越焦虑,我们立即联系景区工作人员,试试广播寻人能否起作用,然后一路小跑直奔景区出口。果然,在出口处,淇淇在工作人员的陪护下安全地等着我们,有惊无险,一颗悬着的心终于落地了。

事后我们问经过，淇淇说他一直紧紧跟着导游听讲解，突然发现爸爸妈妈不在了，当时也非常紧张害怕，但一想导游不会是坏人，继续紧跟直到游览结束不会错，结果在出口附近就听到广播了："淇淇，你的爸爸妈妈在找你，请你在出口处等候。"于是，淇淇机智地找到工作人员，说明情况坐等爸爸妈妈。

2. 旅行养眼界，更养大气

我们带淇淇登华山之巍峨险峻，感受千里黄河一壶收之气势，领略南海之辽阔浩瀚，"寄蜉蝣于天地，渺沧海之一粟"之感油然而生，旅行不仅让我们对大自然心生敬畏，而且感受到了人与自然的天人合一。

旅行路上我们也带孩子了解当地的风土人情、文化历史。记得听导游讲解云南纳西族的民族故事时，很多民族部落在千百年的争斗中湮没尘埃，而纳西族老百姓至今安居乐业，淇淇说："原来一个民族最厉害的，是包容、融合。"旅行让孩子以多元价值观的角度看待世界，开阔了眼界，同时也培养了孩子的大气胸怀。

3. 旅行可以提升家庭凝聚力，并教会孩子爱

旅行是非常好的家庭关系增甜剂。陪孩子一起旅行，一路积攒许多美好的回忆，这也是在为家庭关系爱的账户存款。

那一年陪着爷爷奶奶的旅行中,他知道了父母是在无声地践行孝道,同时爷爷奶奶的陪伴,让他感受到了不一样的大家庭,甚至家族的期待和责任。从计划到出行,淇淇明白了那次旅行的意义——陪伴老人,时不我待……旅行路上,有很多无声的教育。

爱的游戏:5个好玩的情绪游戏

1. 表情猜猜猜:将不同的情绪表情印在纸片上,每个人轮流选一张纸片并表演对应的情绪,其他人要猜出正确的情绪是什么。

2. 感受绕口令:准备一些绕口令,并让每个人按照绕口令的节奏说出各自的心情和感受,例如"蓝旗飘飘,绿树摇摇,我的心情真是美妙"。

3. 心情日志:每天晚上在家庭成员间共享当天的心情日志,让每个人都能了解其他人的情绪变化,并提供支持和鼓励。

4. 报告好事:每周末家庭成员进行小会议,让每个人分享自己这一周遇到的好事,以增强家庭成员之间的正向情绪。

5. 压力释放练习:在家庭中定期进行简单的呼吸或者放松练习,例如深呼吸、肌肉放松等,有助于缓解家庭成员的压力和紧张情绪。

第五章

提升多元思维

培养一个内驱力小孩,仅仅有意愿、主动还不够,孩子"想要"的同时得"能要",即孩子有能力去完成。结合加德纳博士的多元智能,这一章我们就一起来解码与提升孩子学习力相关的三大重要智能——数理逻辑智能、语言智能和视觉空间智能。

视觉空间
开启孩子的"第三只眼"

语言智能
孩子智慧的开启,
来自语言学习

数理逻辑
犹太民族厉害的
秘密

第一节　数理逻辑：高智商民族的秘密

我们都知道,这个世界极具影响力的一个民族就是犹太民族,他们人口虽然不多,但对整个人类社会政治、经济、文化、科学、艺术等方面的影响世界瞩目。以色列学者写的《犹太人与诺贝尔奖》中披露,尽管犹太人只占世界人口的 0.2%,但自 1895 年建立诺贝尔奖以来,犹太人将 22% 的奖项收入囊中,进入 21 世纪,获奖人数比重更是上升到 28%。

为什么犹太人这么优秀？研究发现,他们的八大多元智能里语言智能和数理逻辑智能都非常突出：犹太人语言智商平均高达 122~130,数理逻辑智商平均在 110~120 之间。

哈佛教授加德纳 1983 年提出的八大多元智能理念,替代了以往单一的用 IQ 智商测评、评价人才的体系,加德纳因此被誉为教育界的哥白尼。加德纳有一句名言："每个孩子都是一个潜在的天才儿童,只是经常表现为不同的形式。"这与我们孔子圣人提出的"因材施教"如出一辙,两者理念都是从"发现和选拔适合教育的儿童"转变为"创造适合每一名儿童的教育"。所以,多元智能是从底层逻辑来解码孩子的学习力,帮家长用"爱+科学"的方式轻松教育,助力孩子成为更好的自己！

一、提升数感,斯坦福教授建议这样做

斯坦福大学数学教育学教授 Jo Boaler 表示:"数感是所有更高阶段数学的基础。"他的团队研究发现,在数学上表现优异的孩子,他们小时候的数感都培养得很好,而从小训练死记硬背答案或者运算规律的孩子,对数学学习会越来越吃力。

想要培养孩子良好的数感,我们首先要知道什么是数感?数感,指人对数字的应用能力。举个简单的例子,一个小朋友想把一堆糖放进空盒里,空盒里能装下 10 颗糖还是 20 颗糖,就是数感在起作用。数感是一种基本素养,可以从小培养。

据不完全统计,数感培养的最佳时期是在孩子 7 岁前。学前培养良好的数感,孩子以后学习数学就能事半功倍。数感的培养,关键在于让孩子将数学和丰富的现实联系在一起,从日常生活入手,讲究循序渐进的方式,而不是死记硬背公式。

1. 识数和数数。可能很多人的识数启蒙跟我一样,从一首童谣开始:"1 像铅笔能写字,2 像小鸭水中游,3 像耳朵听声音……"然后到一个西瓜、两只眼睛、三朵花……就这样一步步学会识数了。

孩子从 1~10 开始学数数,再到 100,第一个阶段是唱数。记得我们小时候入学,爸爸妈妈会开玩笑说,想上小学得学会数 100 个数,否则老师是不收的,所以跟小伙伴玩游戏时在数数,一个人画画

时也在练习数数。这个阶段,家长可以利用数物对应帮助孩子理解认识数,数物对应的练习生活中随处可见。

"淇淇,请你拿两个苹果过来,妈妈一个,你一个。"

"好,妈妈一个,我一个。"淇淇边说边拿,左手一个,右手一个。

"一、二,这是两个苹果,可以用2表示。"

慢慢地,孩子便在生活中轻松学会了数数。

2. 加减法。加减法对学前孩子来说,确实有些挑战,从生活中入手,就没那么难了。

"果果,现在餐桌上我们一起吃饭的有几个人?"

"五个。"

"很棒,那哥哥一会儿去上学,家里还剩几个人呢?"

"四个!"

去掉哥哥,她用小手点着数了又数家里几口人。

类似的游戏活动都可以和孩子随时玩起来,这样孩子对数字的兴趣和敏感度自然而然就生发了,数感也就慢慢培养起来了。

3. 搭积木。搭积木是淇淇小时候最爱玩的游戏,从大块的简单的积木,到后来复杂的乐高,爱不释手。在进行积木游戏时,数字、形状、颜色等不同角度的游戏都可以和孩子互动练习:

"淇淇,这个是什么颜色呀?"

"蓝色。"

"它是什么形状呢？你想用它搭高楼还是大汽车呢？"

"这是一块方形积木，我想用它搭大汽车的车厢。"

搭积木游戏，也是一种很好的开发孩子空间想象力的游戏。我们买回来的新积木，一开始淇淇会对照拼图说明拼搭出图示的各种造型，再后来，家里积木堆满了大大的收纳箱，他就用现有的积木材料，拼搭出很多自己设计创造的玩具，数感、空间感在游戏中得到了很好的发展，这为他后来走专业美术道路打下了基础。

4. 买东西。生活中数学应用最广泛和直接的莫过于买东西了，当然现在更多是电子支付，孩子接触现金的机会不多了，但不妨碍我们带孩子买东西来培养数感。淇淇小时候，我们常常带着他去楼下的菜市场或超市买东西，以此来体验数感。

带着孩子体验买东西，可以从简单的整数开始，比如1元钱买一个包子，2元买一块豆腐，3元买一把青菜。再长大一些，可以提高难度，增加一些有找零的计算。带孩子体验购物不仅让孩子学习了生活中的数学，还锻炼了孩子的语言表达能力以及沟通能力。

二、逻辑思维,用思维导图轻松提升

与孩子数学学习息息相关的逻辑思维,通过思维导图帮孩子训练提升是很棒的方法。为什么选思维导图呢?它以图为主,一目了然、直观、生动,对小朋友非常有吸引力。思维导图可以帮助孩子形成有条理的框架思维和思考方式,这对于学习数学非常有好处。画思维导图,关键就是要按一定的逻辑顺序来画,这个过程本身就是训练逻辑思维的过程。

掌握这三种思维导图,孩子学习事半功倍。

泡泡图。在描述事物时,泡泡图可以用来很好地描述事物的特征。如何引导孩子画泡泡图呢?我们用香蕉做示例:

第一步,中间的圆圈泡泡填上要描述的对象:香蕉。

第二步,用描述性的形容词或短语填写外围泡泡,如黄色的、弯弯的、香香的、甜甜的、软软的。

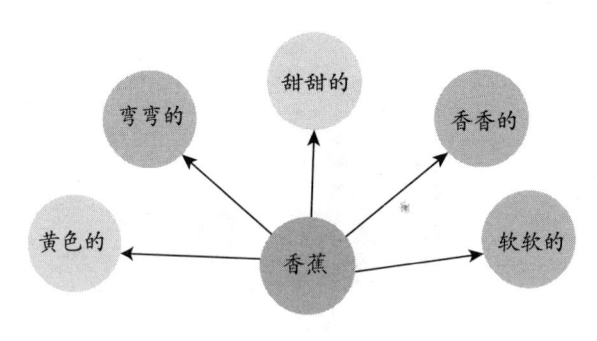

树状图。在学习或生活中,树状图可以帮助孩子更好地实现分

类和归纳,有助于增强孩子的条理性。如何画树状图呢?我们用一个小小的自我介绍来做示例。

我是果果,我6岁啦,上小学一年级;我有长长的辫子,还有一双灵巧的手;我会唱歌、跳舞,还会帮妈妈擦桌子、洗碗……

流程图。幼儿园里,老师会在班级或园区设置"自然角",在自然角老师会养一些动植物,让孩子们观察、照顾。比如,班级要开展科学主题活动"大蒜的生长",老师会带孩子一起动手土培或水培种好大蒜,然后定期观察和记录。对于大蒜的生长过程,孩子们就可以用图画式的流程图来梳理总结。

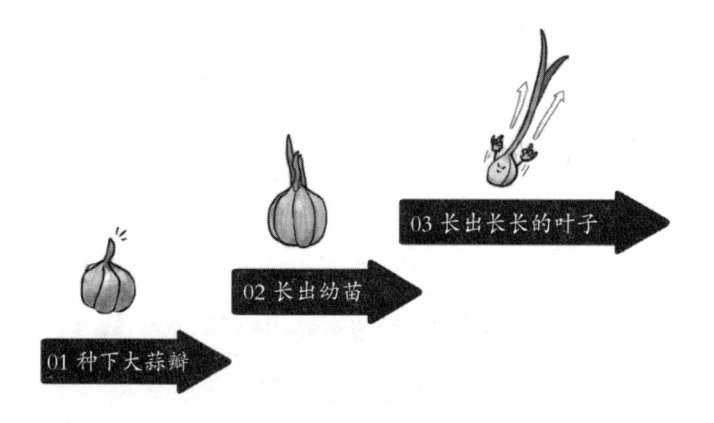

生活中有很多类似的日常活动,有心的爸爸妈妈都可以试着让孩子画画流程图,比如洗手、周末家庭郊游安排等。

作为父母,在日常生活中如何训练孩子的逻辑思维呢?

一是在对话中培养逻辑思维。

我们小区孩子特别多,有一天下楼散步,听到一个妈妈和孩子的聊天:

"妈妈,为什么秋天到了树叶就落了呢?"

"因为秋天到了,叶子就要搬家了。"

"他们是从小树上搬到草地上吗?"

"是呀,他们又变成泥土成为营养,有了他们提供的营养,大树明年春天又会发芽,长出新的绿叶子。"

"秋天他们非得搬家吗?可以不搬家,可以一直是绿的吗?"

"可以呀,有的树叶一直是绿的,我们叫他常青树。"

"妈妈,这也太神奇了!"

面对孩子的十万个为什么,这位妈妈非常亲切而耐心地回答着,他们的对话,不止让孩子的提问得到了解答,还给了孩子美好的爱的滋养。

二是有意识地训练孩子的归类总结能力。

生活中有无处不在的教育契机,都可以用来训练孩子的归类总结能力,这对孩子的逻辑思维发展很有帮助。比如超市就是很好的分类分区大课堂：

"宝贝，我们去水果区看看吧！"

"柚子、苹果、香蕉、葡萄、猕猴桃……"

"宝贝，我们去水产区买一条鱼吧！"

"鲢鱼、财鱼、武昌鱼、鲈鱼、鲫鱼……"

"宝贝，我们去蔬菜区看看！"

"油菜、黄瓜、茄子、青红椒、土豆、山药、花椰菜……"

三是将具象的东西和抽象的符号有意识地联系起来。

将抽象与具体相结合，目的是培养与发展孩子的抽象思维，具体—抽象—具体，循环往复，不断将孩子的思维引向纵深，为孩子日后学习打下良好的基础。这种练习可以从日常标识或指示牌开始。例如：

去了商场超市，可以告诉孩子洗手间的标识，并教会孩子分辨男女厕；

过马路时，告诉孩子斑马线和红绿灯是如何引导行人安全过马路的；

在公共场合，教孩子认识"禁止吸烟"标识；

带孩子去景区，教孩子认识停车场标识；

下楼扔垃圾，教孩子识别垃圾分类标识等。

四是玩各类逻辑推理游戏。

爸爸妈妈还可以陪孩子玩各种益智类游戏,比如玩迷宫、找规律、找不同游戏等,它们对孩子的逻辑和推理能力都非常有帮助。

武汉江滩有一片绿植迷宫,小时候带淇淇玩得不亦乐乎。绿植的高度刚好与孩子的身高差不多,淇淇在寻找出口通道的过程中,不停地探索和思考,然后调整线路,最终满头大汗地找到出口。游戏过程中,孩子不仅开动了小脑瓜,运动了身体,而且当他走出迷宫时,感觉自己就像个小英雄,收获了满满的成就感。

三、归纳和演绎,让孩子把知识学透的能力

早上,多多的妈妈送孩子入园,跟我讲多多昨晚在家的小故事。一家人晚饭后,多多让爷爷、奶奶、爸爸、妈妈排排坐,还把他的玩具大恐龙和大吊车都拿出来摆在第一排,他把家里的电视机当黑板,自己当小老师,所有大人和玩具都是他的幼儿园宝宝。

"小小脚——并起来""小小手——放背后""小眼睛——看黑

板""小嘴巴——不讲话",多多像模像样地当小老师的样子,把家里人逗得哈哈大笑。

千万别小看或打消孩子"当小老师"的行为或念头,这可与著名的"费曼学习法"如出一辙。

"费曼学习法"是由 24 岁就获得物理学博士,第一位提出"纳米"概念,1965 年获得诺贝尔物理学奖,被称为爱因斯坦之后最睿智的著名的物理学家理查德·费曼提出的,其核心是用转述、教给别人的方法巩固自己的知识,以快速吸收信息,短时间内掌握知识。

如何运用费曼学习法提升孩子的归纳和演绎能力呢?

果果前几天给我讲故事,我们来看看孩子是怎么运用费曼学习法的。

1. 确定学习目标,选好故事《狐假虎威》。

2. 果果当小老师讲给妈妈和姨妈听。

3. 找到讲得不太连贯的地方,重新学习。

针对果果讲得不太连贯的情节,姨妈又讲了一遍,"狐狸在森林百兽面前大摇大摆,小动物们吓得都躲了起来,狐狸得意扬扬,原来它不过是借助老虎的威风呀",然后果果把这段再次讲给大家听。

4. 用自己的话加入生活中狐假虎威的例子,学会类比。

这个"以教促学"的过程,不就是家里小不点当小老师的过程吗？

除了费曼学习法，我们还可以使用下面两种方法培养孩子的演绎归纳能力：

1. 通过给孩子讲故事提问训练孩子的演绎归纳能力

每个孩子都喜欢听故事，从孩子喜欢的故事入手，通过让孩子复述故事、提问引导等方式，不仅会让学习变得有趣好玩，思维训练也会变得更加简单有效。

淇淇很爱听《三只小猪盖房子》的故事，这个故事情节简单，逻辑清晰，总结归纳起来也不难。

第一只小猪造了间草房子，第二只小猪造了间木房子，第三只小猪造了间石头房子，他们高兴得手舞足蹈。

有一天，来了一只大灰狼，第一只小猪赶紧躲进它的草房子，大灰狼狠狠地吹了几口气，就把草房子吹倒了。它赶紧跑到第二只小猪家的木房子里，大灰狼用力撞几下，木房子也倒了。兄弟俩只好拼命地跑到第三只小猪的石头房子里，大灰狼对着石头房子又吹又撞，石头房子纹丝不动。

讲完故事后可以和孩子互动，或让孩子复述故事。

故事里一共有几只小猪啊？他们分别造了什么房子？他们遇到谁了？谁的房子最坚固最安全呢？如果是你，你会建一个什么房子呢……

2. 玩一玩缩句和扩句游戏

秋高气爽的周末,我带着腾腾和淇淇出发去景区。一路上,两个小家伙叽叽喳喳不停歇。

我说:"看窗外秋天的景色这么美,咱们来玩个游戏吧!"

一听游戏,两个小家伙马上来了兴致,问:"什么游戏呢?"

"我们用秋天来造句,下一个接句的人要比上一个人的句子长,说得好的有意外惊喜哦。"

"我爱秋天。"

"我爱美丽的秋天。"

"我爱美丽的瓜果飘香的秋天。"

"我爱美丽的瓜果飘香、丰收喜悦的秋天……"

两个孩子你一言我一语,玩得不亦乐乎。

通过扩句缩句游戏,刻意练习孩子的归纳演绎能力,寓教于乐,孩子学习起来更加轻松有趣。

第二节 语言智能:孩子智慧的开启,来自语言学习

语言智能,不仅关乎孩子的语文学习,各个学科知识的学习理解,都与这项智能息息相关。语言智能是培养孩子卓越学习力必须

重视的重要智能之一。

一、"贵人语迟"？智慧父母请抓好关键期

提到语言关键期，不得不讲讲印度"狼孩"卡玛拉和二战士兵的真实故事。

卡玛拉大约在半岁左右被狼叼走，8岁左右从狼窝里被解救出来。人们想尽办法帮助她融入当代社会生活，但是，经过长达6年的专业人员的培养和训练，一直到她17岁左右去世，也仅仅学会了十几个单词，只能断断续续说几句话，智商只有4岁孩子的水平。

二战时，一位士兵迷失在东南亚森林中，与世隔绝了20多年。获救之后，虽然语言有障碍，但很快就恢复正常。

这是关于敏感期的两个经典案例，狼女因为错过了成长敏感期而终身无法逆转心智，而士兵因为没有错过敏感期，能很快回归人类社会。

新西兰玛格丽特·麦克莱根教授认为，0~6岁是孩子语言发展的关键期，错过这个时期，语言系统将会被"卸载"。

蒙特梭利也指出，0~6岁为幼儿语言发展的敏感期，是幼儿语言学习的关键时期，其中，0~3岁尤为重要。

语言发展会经历三个重要时期，包括语言准备期、语言发展期和语言成熟期。

1. 语言准备期

一般在孩子 0~1 岁，这个阶段的宝宝主要是在为开口说话做准备，孩子一直在不断学习和理解语言，同时发音器官也在不断发育成熟。三个多月的宝宝已经会"哦""啊"看着爸爸妈妈的脸"对话"。五六个月大的宝宝，当妈妈喊他的名字时，已经有反应了。宝宝一岁左右时，开始说一些很简单的字和词，比如"不""爸爸""妈妈"等，宝宝这时慢慢开始有肢体语言了，比如摇头不要、挥手再见等。

2. 语言发展期

大约在孩子 1~2 岁时，宝宝的语言表现不经意间就会让爸爸妈妈感受到意外的惊喜。他会有意识地主动模仿爸爸妈妈或家人的语言，也开始学会用语言表达自己的需求，有的孩子已经能说短语短句子了。

3. 语言成熟期

2 岁后的宝宝语言已经基本成熟，开始打开"十万个为什么"魔盒了，他会经常追着爸爸妈妈问问题，故事里听到的或者生活中接触到的，他都有很多"为什么"，这是宝宝开始独立思考的表现，宝宝长大啦。两岁的宝宝已经可以玩卡片游戏，跟着卡片说出人、动物、日常用品等。三四岁时，宝宝的语言能力发展得更成熟了，有的都能流利地讲故事啦！

如何开发孩子的语言智能？

第一，多说话，多陪伴。

开发孩子语言智能得把握节奏，根据孩子语言敏感期发展规律，方能事半功倍。

从胎教开始，爸爸妈妈就可以和胎儿多多对话，与胎儿说话、唱童谣、听经典钢琴名曲都是很好的胎教。

1岁内多说给孩子听，宝宝逐渐牙牙学语，爸爸妈妈多说多互动。孩子在努力模仿学习，给到的语言刺激越多，孩子的语言发展就越好。

2~3岁时，孩子这个时期表达欲望很强烈，孩子的好奇心和求知欲也很旺盛，经常会把"为什么"挂在嘴边，爸爸妈妈要耐心地多和孩子交流，并及时回应宝宝。家长要多引导孩子，让孩子在和父母的交流中学会组织语言，完整表达，努力让别人听得明白。

4~6岁时，爸爸妈妈要多听孩子说话，这个阶段孩子很愿意和父母分享在幼儿园的所见所闻，它同时也是孩子通过语言交流建立关系的关键时期。这个时期，爸爸妈妈做好示范和引导，教孩子规范说话，鼓励孩子把话说完整，流畅地表达自己。

第二，培养孩子养成阅读习惯。

成长是一辈子的事，为人父母，总有一天会因为孩子青出于蓝而胜于蓝我们引领不了，而阅读，是和圣人先贤对话取智慧，足以给孩子一生的支持。

让孩子爱上阅读,从享受亲子共读时光开始。

现在我们的时间碎片化非常严重,一不小心刷短视频、刷社交软件、刷朋友圈,一两个小时就没了,所以真正能静心阅读陪伴孩子的父母,都是非常自律和智慧的父母。做好一天的时间分配,留给孩子哪怕只有一刻钟的亲子共读,就是在做最大的幸福投资。在爸爸妈妈温暖的怀里,窝着天真可爱的宝贝,柔和的灯光下,温馨的亲子共读让爱意荡漾的家格外美好。

让孩子爱上阅读,可以和孩子在阅读中做游戏。

孩子总是喜欢游戏的,尤其是绘本故事角色扮演。

读到解放军的故事,淇淇说:"爸爸,我来当解放军战士,你来当小鬼子,我们开始打仗吧……"

读到小红帽的故事,果果说:"姨妈,我来当小红帽,你来当狼外婆吧……"

大脑遵从奖赏法则,当孩子每每提及阅读时都是愉快的开心的,不知不觉间他就会爱上阅读,徜徉于更深更广的知识海洋。

让孩子爱上阅读,从支持孩子自主阅读开始。

随着孩子年龄增长,从听故事到自己读故事,也是个自然而然的过程。

淇淇的自主阅读,是从小学一年级正式分房孩子回到自己的小房间开始的。睡前先亲子共读,然后他再把爸爸妈妈读过的故事自己阅读一遍,不一会儿我们去他房间给他关灯时,就会发现他捧着书已经进入梦乡了。

随着拼音学习的深入和识字量的扩大,渐渐地,不用我们读故事了,他完全可以自己独立阅读。我们给他的支持,就是周末去书店任选爱看的书。这个阶段他挑选的书籍,大多是拼音加插图的。同时,父母对孩子阅读的书籍还要做好把关,但不可过于控制和干涉,允许孩子适量选择他喜欢的有兴趣的,即使在我们看来没啥价值的书。

二、大语文时代,阅读是学好语文的核心要素

著名学者钱理群说:"学好语文有很多要素,但最核心、最根本的方式就是阅读。"

而孩子阅读能力的培养是个慢活儿,需要长时间的积累,不是朝夕之间就能达成的。这期间,早期阅读习惯和能力的培养尤为关键。

孩子阅读通常会经历下面这四个时期。

1. 翻书期

6个月左右的宝宝已经能坐得住了,爸爸妈妈们可以有意识地引导孩子认识书了。可以准备一些制作精美、色彩鲜明、图片较大

的卡片或绘本,以此培养孩子对书籍和阅读的兴趣。

2. 识图期

这个时期没有严格的月龄区分,因为每个孩子发展不一样。如果发现宝宝盯着书本中的图看,爸爸妈妈就可以和孩子"读书"了。现在很多婴儿读物制作都很精美,比如那种撕不烂的卡片画册,可以利用它来教孩子认识颜色、水果、人物等。这时候的阅读重点在于通过书籍认识事物。

3. 故事期

当孩子开始留意图片讲了什么故事的时候,就进入了故事期。这个时候,建议为孩子选优质的绘本图书,爸爸妈妈可以通过让孩子复述故事锻炼孩子的表达和记忆能力。

4. 文字期

爸爸妈妈为孩子读故事时,可以试着故意读错文字,如果宝贝马上听出来了,并指出"妈妈,这里不对,应该是……",恭喜你,宝贝的阅读进阶到了文字期。这个时期,爸爸妈妈可以教孩子辨认和识记汉字了。随着孩子识字量的增多,他对阅读也会更有兴趣和信心。

如何提升孩子的阅读力?

也许有的爸爸妈妈会说,我们也知道阅读很重要,可孩子就是不爱看书，只喜欢看电视、玩游戏啊！实际上，孩子阅读这件事与父母的努力和重视程度息息相关。这也是为什么有着大量高质量课外阅读的孩子，不仅在学习成绩和写作水平上有优势，而且在同伴交往以及日常谈吐中，也都有不错的表现，所以很多人都感慨，孩子读书背后考验的是家庭和父母。

作为父母，我们可以从以下三个方面着手，层层递进，逐渐帮孩子提升阅读力。

第一方面，让阅读变得有趣。

"知之者不如好之者，好之者不如乐之者"，有趣看似无关紧要，却是决定阅读成败的关键。事实上，很多孩子的最大问题就是缺乏阅读兴趣。在阅读方面，应尽量选择孩子感兴趣的主题。

在阅读过程中，可以多一些互动，以此增加孩子对阅读的兴趣。比如为了鼓励孩子参与，请孩子帮忙翻页；父母在给孩子读故事时，可以在情节发生转折处停下来问问孩子："你认为接下来会发生什么？"以保证孩子参与其中；当孩子提出问题时，爸爸妈妈可以带着孩子一起查资料寻找答案；当与孩子读到值得记住的美文佳句时，不妨在旁边做个小记号，让孩子和书有所互动。开卷有益，乐趣无穷，只要打开书本，读着读着，乐趣终究会出现。

第二方面，为孩子科学选书。

著名文豪培根说过，读史使人明智，读诗使人聪慧，演算使人精密,哲理使人深刻,伦理学使人有修养,逻辑修辞使人善辩。阅读内容当然既要有广度,也要有深度,阅读内容是构建孩子知识体系的重要来源。如何帮助孩子选书呢?

首先,结合年龄选择。不同年龄段的孩子,阅读喜好和阅读能力都不相同,我们应该根据孩子的年龄成长阶段选择适合孩子当下身心发展规律的书。比如关于情绪,幼儿期的宝贝可以选择绘本《生气汤》《我的情绪小怪兽》等。爸爸妈妈也可结合自己孩子的性格特质,以及当下遇到的实际问题为孩子选择图书。

其次,尊重孩子的喜好。有位朋友的孩子,硬是活生生被父母打压到不阅读了,原因就是孩子喜欢看漫画,朋友觉得孩子读这些不着调的书对学习没啥用,纯属浪费时间。

建议爸爸妈妈们从孩子感兴趣的内容入手,即使从漫画、笑话读起也可以,先让孩子爱上阅读,再慢慢扩展到文学、历史、哲学、科学、艺术等内容,爸爸妈妈不要用我们"应该读的书"打压孩子"想读的书",最后因为在阅读内容选择上存在分歧而使孩子丢了阅读。

第三方面,引导孩子实现高效阅读。

1. 书香家庭

晚清名臣曾国藩一生立德、立言、立功,让人高山仰止,南怀瑾先生称赞其"千古第一完人"。他认为"耕读之家,最能维持长久",这也使得曾氏后人人才辈出各领风骚。

首先，营造书香家庭，就要为孩子创造一个和谐有爱的家庭环境。家庭里不论是夫妻关系、亲子关系，还是婆媳关系，大家族小家庭都应该是和谐、包容、合作的。不论是亲子共读还是阅读讨论，在家里都能得到尊重和关注，同时，阅读也促进家庭关系更加和谐有爱。

其次，有条件的家庭可以布置一个书房，没条件的给孩子一个阅读角也不错，让孩子有一个相对独立和安静阅读的物理空间。

2. 读书摘抄

俗话说，好记性不如烂笔头，读书时遇到精彩的句子或片段描写可以让孩子摘抄下来。尤其是上小学以后，阅读后的摘抄积累非常重要，这就像大海边拾贝壳，看到好词好句，收集到自己的摘抄本上，时不时再多翻翻，等孩子写作文时，脑瓜里就会不经意间冒出这些好词妙句。

3. 输出倒逼输入

输出能让阅读更有效。孩子年龄不同，输出的方式也不一样。

年龄较小的孩子，可以尝试分享阅读。比如家长在陪孩子读绘本的时候，首先可以引导孩子看着图片讲故事，然后家长为孩子逐字朗读，随着孩子识字量的增加，逐渐提高孩子在阅读活动中的参与度，变成家长指导小朋友一起读，最后过渡到孩子独立阅读。分享阅读不仅能提升小朋友的阅读能力，还能增进亲子关系。

年龄大一些的孩子,可以尝试讲故事给别人听,也可以将故事写出来、画出来、表演出来。淇淇小时候对阅读如饥似渴,从童话故事到神话寓言,再到后来家里书架上的书统统拿来读。淇淇的语言表达一直很突出,而且也很有主见,这些或许都受益于阅读后的输出吧。

三、写作不是提笔才开始,孩子写作的底层逻辑有两点

一提起孩子写作,很多爸爸妈妈都头大。孩子写作时不是抓耳挠腮无从下手,就是下笔流水账,网上流传的各种作文也是令人"大开眼界"。

为什么孩子写作文这么难呢?

首先,缺少积累。多多妈妈说:"我们一直很重视培养孩子的阅读习惯,从上幼儿园起就买了很多绘本、故事书给孩子读,怎么上小学了还是不会写作文?"这一类孩子的问题在于读得太浅,阅读时过眼不过心,读了啥,故事讲了啥,书中有哪些人物,什么情节,读完书一扔:不记得。这样的阅读效果自然不好,真正有效积累也微乎其微。阅读时输入低效,写作输出的时候,自然写不出好作文。

想要提高孩子的写作能力,必须踏踏实实读好书,思考书中主旨思想,品味修辞描写之精妙,领悟谋篇布局的用意,记诵好文好句,摘抄金句妙语,久而久之,孩子的写作能力自然就提升了。

其次,孩子观察能力不强。观察力是自然观察智能的重要能力之一,是对自然环境中的事物进行认识和分类的一种能力。孩子观察力不强,这与当下的城市生活方式有很大的关系,孩子们有较少的机会与大自然亲密接触,学校家里两点一线,每日穿梭于高楼林立的城市,孩子们看到的只有常青绿化带,哪里会注意春播秋收四季更迭?

缺什么补什么,大自然这一课尤其重要。发芽,孩子可以观察到种子的力量;生长拔节,孩子可以观察到历经风雨后的挺拔;丰收,孩子可以观察到烈日汗水下的粒粒皆辛苦。在观察大自然的过程中,孩子不仅观察到了植物的生长变化,还体会到了要与大自然和谐相处,学会了敬畏与尊重大自然。

如何提升孩子的写作能力?

1. 阅读是写作的基础

孩子写不好,是因为孩子提笔不好好写吗?当然不是,写不好和读的少有关。正如尹建莉所说,通过阅读提高写作能力,表面上看这是个漫长的过程,实际上它是最经济、最有效、最省心的办法,是真正的"捷径",多阅读才是提高孩子写作能力的"巧劲儿"。

读书破万卷,下笔如有神,文史哲要读,医理百科也要读。记得我们班有个同学,天文地理古往今来无不通晓,简直就是我们班的"百科全书"。后来才知道,他非常热爱阅读,课余时间几乎都在阅读,不止语文,各科学习成绩都很优异。

2. 学会在生活中积累素材

素材累积是习惯:收集素材,就要教孩子做个热爱生活的有心人,引导孩子学会在生活中不断扩充自己的内容库,包含对外和对内两方面。

对外,即让孩子开启感官,引导孩子用眼、耳、口、鼻、舌去感知世界,感知一切美好的、积极的、阳光的事物。

有一天,淇淇突然对着钢琴上的花瓶说:"妈妈,这个花瓶插花给人一种清雅宁静的感觉,有一种质朴美。"我望过去,只见白色的钢琴上,梅子青的鹅颈瓶中随意地插着两枝满天星,一枝洁白,一枝粉红,疏落有致,确实画面唯美。心中装着美,才能看见美。带孩子多见美好的东西,就好比采集一缕一缕的阳光装进心里,孩子拥有能够发现美和爱的眼睛,那么累积存储的也必然是美好和正能量,写作时输出的也会是积极向上乐观美好的东西。

对内,更多的是感知人情温暖和人性美好。五岁半见到我的启蒙老师,我就立志于教,然后从教十余载,和孩子们在一起是喜悦的。孩子们爱老师,是简单纯粹的,不掺杂任何杂念,于是,我一直习惯了简单单纯。和闺蜜在束河古镇住民宿时,去他们房间串门聊天,门窗大开,她们笑着提醒着:"老李,你这是跟孩子们一起久了'呆傻'了吧,出门在外得多个心眼儿。"门窗大开其实是我相信这淳朴雅致的民宿小院里不会有坏人。

让孩子多一些属于他自己的内外素材,还愁写不好作文?

3. 成就感让孩子写作时不再畏难

不论是谁,都希望自己的劳动或付出被肯定被看见,这是我们内在对价值感和成就感的需求。从行为心理学来看,正向反馈也是激励行为的最佳动力。

有一次周末,老师要求写作文,题目是"我喜爱的小动物"。为了完成这篇作文,我们带他去花鸟市场选了又选,终于决定买回来一只可爱的小白兔。小孩子天生喜欢小动物,一买回来淇淇就围着小兔忙个不停,布置新家、喂青菜、观察小白兔。然后我又帮他分析教材中相关课文的结构和布局,不一会儿,淇淇就写好了。交到老师那里得了甲优,作文讲解时,老师还当范文在班级念给同学们听。从那以后,淇淇写作文信心大增,再也不畏难了。

第三节　视觉空间：开启孩子的"第三只眼"

快过年了，爱美的妈妈们总会把家里打扫布置一番，买回来花草绿植、挂画等。爸爸在钉钉子，妈妈协助递工具、扶梯子，费了九牛二虎之力，好不容易搞定，熊孩子跑过来，"爸爸，这个应该往左边一些，挂画有点歪了"，嘿，走远一点细看，还真是。如果有类似事件发生，那么说明你家孩子的视觉空间智能发展还不错哦！

加德纳教授指出，孩子视觉空间智能的开发是非常重要的，因为孩子在用视觉接触世界上万事万物的同时，他们的大脑随时都在处理信息，都在做分类或分析等工作，这样便会使孩子逻辑思维能力也快速提高，这对孩子今后的发展大有益处。

空间智能和先天遗传有关，但后天也是可以培养的。空间智能的发育主要靠视觉刺激，而视觉信息由大脑中的枕叶负责处理。0~6岁之间大脑具有很强的可塑性，所以这一时期也是发展孩子空间智能的好时期。无论男孩女孩，都可以通过一定的训练提高空间智能。

一、孩子视觉空间智能的发展规律和培养方式

与孩子学习相关的第三个重要多元智能是视觉空间智能，它是

指能用视觉准确地感知周围的一切事物,并把所感觉到的形象以图画的形式准确表达出来的一种能力,包括对色彩、线条、形状、空间关系的敏感度。

视觉空间智能突出的孩子,小脑瓜里会积累大量的视觉和空间形象,为发挥想象力和创造力储备素材资源,这类孩子更容易理解比较抽象的点、线、面等平面几何和立体几何原理,学习几何比较有优势。提升孩子视觉空间智能,有助于提升孩子的想象力、创造力。

除此之外,他们还有很好的空间感、方向感、色彩感和线条感,对视觉元素把握也很不错,在雕塑、绘画、建筑、航海、飞行等方面表现也很出彩,同时他们偏好于用图片记忆,记忆能力很强。

抓住孩子空间敏感期,对孩子的成长很重要。

我和家长们分享孩子成长关键期时,常用麦苗来比喻孩子,当麦子在拔节期时,要做好浇水、施肥等工作,这样小麦才会增产量迎丰收。孩子的成长是一样的,在敏感期内施教,教育效果将事半功倍,能迅速提高孩子的心智发展。关于视觉空间智能的四个关键培养期梳理如下:

0~1岁,宝宝出生时就有听觉,他会利用天生的听觉辨认方向,爸爸或妈妈可以通过换方位摇铃、喊宝贝小名的方式训练宝宝听声音去寻找、抬头、转头等。

1~2岁,宝宝对这个世界充满了好奇,他通过爬行、蹒跚学步来探究周围的一切。这一阶段,爸爸妈妈要为孩子创造一个安全的爬行和学步环境,帮助宝宝认识和感知空间。

2~5岁,爸爸妈妈或者幼儿园老师可以通过画画帮助孩子建立大小、形状的概念,也可以通过玩搭积木、捏橡皮泥等促进孩子建立前后、上下、远近等有关空间的概念。

5~7岁,家长可以带孩子体验登山、远足等活动,去感受行走的路线和认识标志物,并开始学习和利用稍微复杂一些的标记,以发展孩子的空间方位能力。

有专家认为,空间敏感期的表现是多种多样的,最早的时候,孩子是依靠身体来感知空间的,通过扩大对空间的感知来探索这个立体世界。孩子对空间的探索和把握能力,与孩子的心理承受能力密切相关。孩子的心理承受能力越强,对未来的探索勇气和能力也将会越大。所以视觉空间能力的培养,还有助于培养孩子积极进取的勇气和信心,让孩子将来有勇气探索未知世界。

如何满足孩子空间敏感期的需求?

作为爸爸妈妈,如何抓住孩子的空间敏感期,给予孩子科学和恰当的教育呢?

首先,给孩子提供适宜的环境和玩具(或游戏)。做起来也很简单,环境前提是安全卫生的,孩子太小,没有自我保护能力,加上肠胃正在发育中,所以卫生也很重要,这些大人都需要考虑到。

环境具备条件后,再结合空间敏感期,给予孩子与年龄匹配的玩具和游戏。比如6个月以前的宝贝,视觉系统在发育,需要色彩明亮的摇铃玩具,刺激视觉和听觉,这对于空间智能发育是很有帮助的。而3岁左右幼儿期的宝宝,可以通过身体游戏感知方位,以此促进空间智能的发展。另外,画画、捉迷藏也是不错的选择。

其次,少一些唠叨,多一些鼓励。孩子对空间的好奇与探究与生俱来,比如攀爬、打滚、玩沙子、拆玩具等,这在很多时尚爱美的妈妈看来,简直不能容忍,这使得孩子失去了很多宝贵的发展空间智能的机会。建议我们的爸爸妈妈多一些孩子视角,要知道,孩子喜欢钻床底、躲窗帘、爬衣柜、玩纸箱、玩水玩沙子等,这些都是孩子在探究和发展空间智能的表现,不要一吼了之一禁了事,这很可能是您扼杀一个未来艺术家的无意之举呀!我们不妨蹲下来和孩子"并肩"一起玩,时不时给孩子一些鼓励和赞扬,"拆家熊孩子"说不准会成为"未来艺术家"呢!

最后,做家务也能锻炼孩子的空间能力。就拿简单的打扫卫生来说,它也是很好的锻炼孩子空间能力的机会:整理收纳,什么物品放什么位置,这不就是物归原处的空间方位游戏吗?打扫房间不就是在感知空间大小吗?所以,适当做个"懒妈妈",生活中的家务也是很好的空间教育课堂。

二、有了图像思维,孩子学习不再难

一图胜过千万字,培养孩子的图像思维并养成习惯,是提高孩子学习力的关键。

从脑科学的角度来认识左右脑,"左脑为相,右脑为王"是对大脑的形象描述,左脑控制着我们的语言、逻辑等,右脑控制着创造、想象、图像等。右脑优势在于通过图像或心像来记忆、思考。

培养孩子图像思维,要抓好以下教育契机:

3岁以前,我们可以教孩子认识一些简单的图形,比如圆、正方形、三角形。

3~4岁,是孩子理解图形的阶段,这个阶段爸爸妈妈可以以圆形、三角形、正方形为主,引导孩子用语言描述图形的特征,依据特征,孩子能够在生活中找到对应的形状,能区分相似形状的不同。

4~5岁,爸爸妈妈们可以让孩子认识更为复杂的图形以及简单的图形组合,比如梯形、菱形或其他组合图形。

5~6岁的孩子已经可以了解立体图形了,比如长方体、正方体、球体、圆柱体等。爸爸妈妈可以在生活中强化孩子对立体图形的认识,比如逛商场时引导孩子留意圆柱形的柱子、购物广场的立体造型等。

图像思维是形象思维的一种形式,它以图解的方式对思维过程进行表达。孩子的思维发展是从形象思维向抽象思维过渡的。培养孩子的图像思维,不仅有助于孩子养成观察分析事物的好习惯,增强孩子的观察力、分析力、想象力和创造力,而且对孩子将来的语言表达和写作能力也有非常大的益处。

哈佛大学教育研究院开发过一个进行了50多年的研究项目,叫零点计划,大名鼎鼎的多元智能理论就是这个项目的成果之一。其中一个重要子项目,就是让思维可视化。思考的过程是不可见的,让思维可视,可以让我们知道孩子理解了多少,以及怎么理解的。

通过反复实践,研究者得出答案,孩子之所以能够排名在前1%,正是因为有意识或无意识地掌握了深化思考的思维工具,从而使他们获得了高效的学习效果,这些工具中非常重要的一种便是可视化思维。

如何培养孩子的可视化思维呢？年龄偏小的孩子，可以从涂鸦画图开始，大一点就可以尝试用思维导图了。关于思维导图，我们已经在前面做了详细的分享，本节就不再赘述了，这里重点和大家聊一聊图形化学习法。

在国外课堂，这个方法经常被用到教学中，它类似于我们的看图讲故事。所谓 See-Think-Wonder（STW），就是：

你看到了什么？

你觉得发生了什么？

你还想知道什么？

借果果陪我过生日来感受下这个方法吧！

I See：描述看到了什么。

"姨妈，我看到一个大大的小熊蛋糕，还有这么一大家人陪你过生日。"

I Think：针对看到的情景表达自己的想法或态度。

"我觉得你像个公主，我们都很爱你。"

I Wonder：还想了解关于这个主题的哪些内容呢？

"姨妈，你过生日有这么多人陪，还有这么多好吃的，还有可爱的小熊蛋糕，那下一次我过生日，我想要一个大大的小兔蛋糕，你说我的愿望可以实现吗？"

三、培养色感,让孩子的生活多姿多彩

培养孩子视觉空间智能时,给孩子足够的色彩刺激,这一点非常重要。

人从环境中获得的大部分信息是通过视觉传递给大脑的,而色觉在视觉活动中发挥着重要作用。

色彩感知对孩子的成长具有重要意义。

首先,对颜色敏感的孩子,感情细腻丰富,视野美好。

其次,色彩与孩子的心理及情绪有着关联性,是个灵敏的指示器。色彩增加了孩子灵动和幻想的空间,减少了孩子的抑郁和负面情绪。色彩在一定程度上影响着人生态度,对孩子有非常重要的意义。

作为父母,我们应该抓住孩子的色彩敏感期培养孩子的色感。

"我不穿这件黑色衣服,我要穿那件粉红色的。"

"姨妈,要用粉色的皮筋给我扎辫子哦!"

果果不知道从什么时候开始成了粉色控,我知道这是果果到了色彩敏感期啦。

色彩敏感期,是指孩子在一段时间内,对色彩产生强烈情感的时期,各年龄段发展变化具体如下:

1岁之前,孩子视锥细胞发育还不成熟,对颜色的识别能力较差,他们更关注黑白交错的物品,例如足球、电视机黑色屏幕、灯光、黑白画册等。1岁之后,随着眼睛视锥细胞的逐渐成熟,儿童色彩敏感期到来。

1~2.5岁,孩子视野里开始增加彩色,随着视锥细胞的逐渐成熟,孩子的世界变得五彩缤纷,但他此时对色彩是无意识的,仅仅是对颜色本身产生直觉。

2.5岁~4岁,识别颜色。他能够把表示颜色的语言和颜色结合起来,认识并说出红、黄、蓝、绿里的一种或几种颜色,并开始在生活中寻找不同的颜色。

4~5岁,涂色。当孩子能够清晰地识别并叫出颜色名称时,他们就可以开始玩颜色了。这时候,他们喜欢拿着爸爸妈妈买来的彩笔涂涂抹抹,他们并非在用彩笔画画,只是对自己画出的颜色感兴趣而已。

5~6岁,孩子对周围世界的认识越来越深入,开始意识到世界万物都有其合理的颜色,于是,喜欢在自己的绘画中呈现事物的颜色,他们享受着分区涂色的乐趣。此时,家长应该给孩子准备12色的蜡笔或其他绘画材料,让孩子随时可以使用这些材料感受色彩。

如何培养孩子的色彩感?

点燃内驱力：如何让孩子自觉又主动

1. 创造一个多彩环境

带孩子走进大自然。大自然是孩子学习色彩的最佳渠道，不同颜色会给孩子带来不同的感官体验。

有一阵子，阴雨连绵好几天，电梯里碰到一个邻居奶奶，依然用儿童车推小孙子下楼转悠，我好奇地问了句："这天您也推孩子下楼溜达呀？""是呢，我家这个小家伙关不住，在家闹人。趁现在没下到公园转转。"孩子都很喜欢亲近大自然，大自然里有孩子们喜欢的多彩世界。

现在的小区和公园越来越精致：有红色的桃花，黄色的迎春花，白色的蝴蝶兰，紫色的荆条花；有高大的朴树、栾树，也有草坪、灌木，造型各异，色彩斑斓，高低错落。大自然会丰富孩子的体验，增加孩子对色彩的认知。

给孩子一个欢快明朗的家，通过布置房间，也可以培养孩子的色感。可以多用明亮的色彩，洁白的墙壁，温馨的装饰，让孩子目之所及都能感受到色彩带来的舒适感和丰富感。

2. 和孩子玩色彩游戏

阅读彩绘书籍。如果是低龄宝宝，爸爸妈妈可以准备一些色彩明亮的图书，和宝宝一起玩识图认物的游戏。"苹果——红苹果——这是一个红苹果……"随着孩子年龄的增长，可以用更细致的描述来玩色彩游戏,同时它也能很好地促进孩子语言智能的发展。

涂鸦画画。当孩子的小手精细动作越来越好时,就可以玩涂鸦画画了。一般从圆形开始,"来,宝贝,我们一起来画一个大大的太阳。"然后可以逐步进阶,"小圆加一个小尾巴,变气球,飞呀飞呀飞上天""加一个叶柄变苹果"……

当孩子小手肌肉越来越有力量时,再逐步过渡到涂色,"火红的太阳公公""红红的大苹果"。

色彩搭配。记得我曾经带幼儿园中班的孩子参加幼儿园赛课评比,当时选的内容就是带孩子们玩色彩。在课堂上,孩子们不仅学习了儿歌童谣《色彩谣》,还玩了"颜色变变变"的游戏,玩得不亦乐乎,"红加蓝变紫色""红加黄变橙色""蓝加黄变绿色"……

色彩敏感期是孩子成长过程中一个非常重要而短暂的时期,爸爸妈妈要抓住这段黄金期,把握好教育契机,培养孩子的色彩感知力,让孩子的视觉空间智能得到良好的发展。

爱的测评:多元智能测一测

1. 你喜欢听音乐吗？什么类型的音乐最能打动你？（音乐智能）
2. 当你看到复杂的机器或者电器时,你是否会大胆研究它们的工作原理？（数理逻辑智能）

3. 你是否擅长观察周围的环境,能够快速发现事物的变化和差异？（空间智能）

4. 如果你要表达某个想法或者主张,你是否可以很好地阐述？（语言智能）

5. 你是否常常想象自己处在一个不同的角色或者情境中,并从中获取创意和灵感？（身体运动智能）

6. 你是否擅长处理和解决人际关系中的矛盾和问题？（人际智能）

7. 当你遇到一个新的问题或者挑战时,你是否能够瞬间调整自己的思路并做出清晰的决策？（数理逻辑智能）

8. 当你进行新的活动或者学习时,你是否会思考如何把它们转化为实践经验,以便日后加以应用？（自省智能）

9. 在你面临困难或者压力时,你是否会通过沉思与反思的方式来探索和解决内心的问题？（自省智能）

以上是多元智能中的几个方面,您可以通过上述问题初步了解孩子的多元智能特点。同时需要注意的是,这只是一个简单的测评,实际能力水平还需要通过更加全面和科学的方法来进行评估。